ONTHEREDBOX

El Poder del Evangelio
Redescubre el Mensaje de la Cruz

Copyright © 2020 por Jacob Bock

Publicado por: **Ontheredbox**
Traducido por: **Raquel Cañas Fernández**

Puerta del Sol 4, 5ª Planta
28013 Madrid, Spain
http://www.ontheredbox.com
facebook.com/ontheredbox

Todos los derechos reservados. Ninguna parte de esta publicación podrá ser reproducida, almacenada en ningún sistema de recuperación o transmitida de cualquier manera o forma —electrónica, mecánica, fotocopias, grabaciones— ni se podrán usar otros tipos de formatos, ni formatos digitales y electrónicos aún no creados, sin previo consentimiento del propietario, a excepción de lo establecido por la ley internacional y de EE.UU de derechos de autor.

Primera Edición 2020

A menos que se indique lo contrario, las referencias a las Escrituras provienen de La Santa Biblia Reina-Valera 1960.

EL PODER *del* EVANGELIO

REDESCUBRE
EL MENSAJE
DE LA CRUZ

Por
JACOB BOCK

CONTENIDOS

INTRODUCCIÓN   11

CAPÍTULO UNO
EL PROBLEMA • 13

Primera Columna: La Ley   15
La Ley Revela Que Eres Pecador   19
La Ley Revela Que Eres Culpable   21
La Ley Revela Que Estás Muerto   23
La Ley Revela Que Eres Un Esclavo   25
La Ley Revela Que Estás Sucio   27
La Ley Revela Que Eres Enemigo de Dios   29
La Ley Revela Que Estás Bajo Su Ira   33
Repaso   34
Comentarios Finales   34

CAPÍTULO DOS
LA CONSECUENCIA • 39

Segunda Columna: La Eternidad   41
1. La Muerte   42
2. El Juicio   45
3. El Infierno   49
4. El Cielo   53
5. Repaso   53
6. Comentarios Finales   54

CAPÍTULO TRES
LA SOLUCIÓN • 57

Tercera Columna: La Cruz de Cristo   60
Perdonado - Jesús Ocupa Tu Lugar   63
Inocente - Jesús Te Justifica   67
Vivo - Jesús Te Regenera   71
Libre- Jesús Te Redime   75
Limpio - Jesús Te Santifica   79
Amigo - Jesús Te Reconcilia   83
Amado - Jesús Es Tu Propiciación   87
La Resurrección   90
Repaso   91
Comentarios Finales   92

CAPÍTULO CUATRO
NUESTRA RESPUESTA • 93

Cuarta Columna: Arrepentimiento y Fe   97
Cruzando la Cruz   97
¿Qué Es el Arrepentimiento?   98
El Poder del Espíritu Santo   98
¿Cómo me Arrepiento?   98
¿Qué Es la Fe?   100
Repaso   103
Comentarios Finales   103

REPASO DE LAS CUATRO COLUMNAS   105

CONCLUSIÓN   107

*Escrito para todos los cristianos
que tienen el deseo de entender mejor
el mensaje del evangelio
y de aprender a comunicarlo con poder*

Un agradecimiento especial para:

Julie Bock

Scott Harrup
Paul Collins
Olivier Darbonville

(¿De verdad creíais que podía escribir este libro yo solo?)

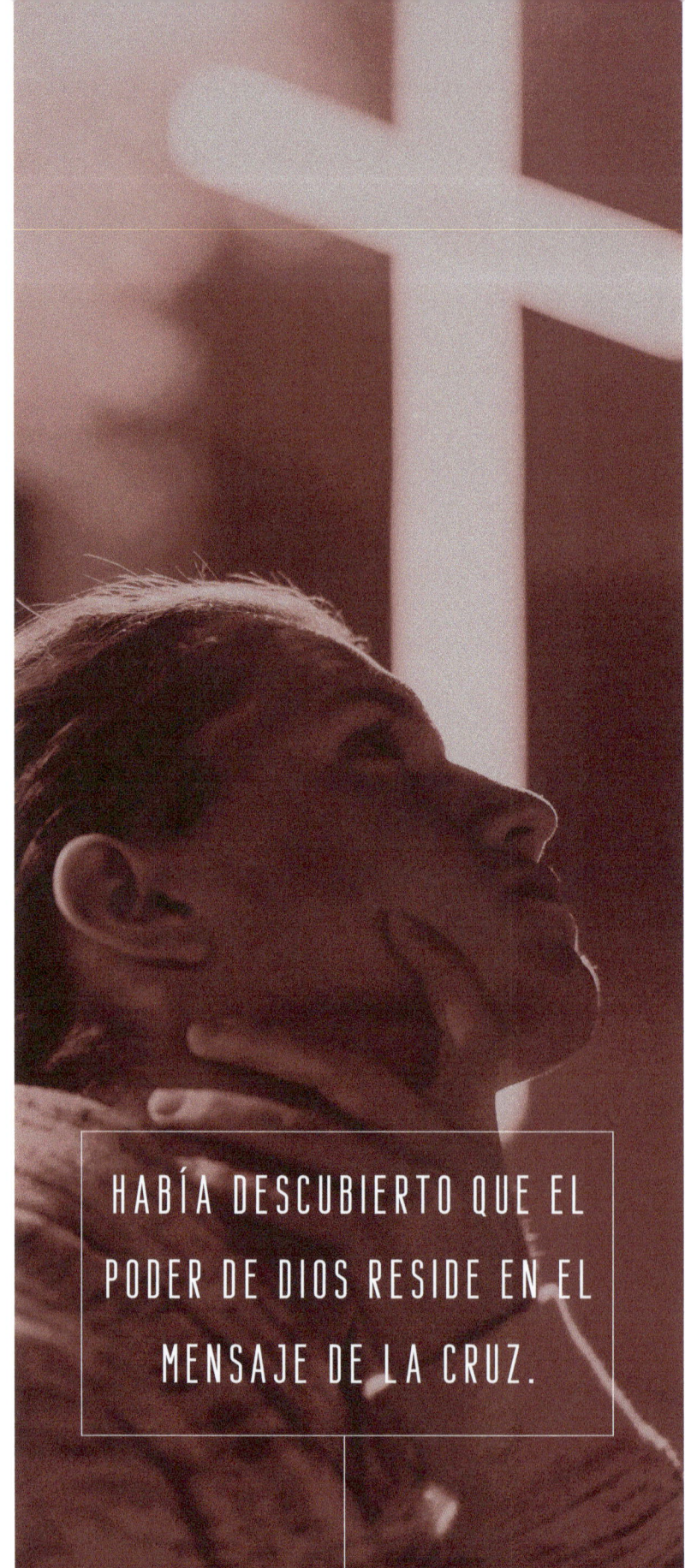

HABÍA DESCUBIERTO QUE EL PODER DE DIOS RESIDE EN EL MENSAJE DE LA CRUZ.

No tenía ni idea de lo que me esperaba. Había sido seguidor de Jesús durante 18 años y misionero en España durante diez de esos años. Había experimentado el poder del evangelio y del Espíritu Santo de diferentes maneras, pero nada parecido a lo que estaba a punto de experimentar.

En Octubre de 1997, asistí a un culto evangelístico en Estados Unidos. Había un tremendo derramamiento del Espíritu Santo en una iglesia, y yo quería ser parte de ello[1]. Entré allí un miércoles por la noche y me senté. Steve Hill, el evangelista, ocupó su lugar tras el púlpito, abrió su Biblia en Romanos capítulo dos y comenzó a leer:

> "¿O menosprecias las riquezas de su benignidad, paciencia y longanimidad, ignorando que su benignidad te guía al arrepentimiento? Pero por tu dureza y por tu corazón no arrepentido, atesoras para ti mismo ira para el día de la ira y de la revelación del justo juicio de Dios" [2]

Después explicó cómo, cuanto más pecamos, más se acumula la ira de Dios, como el agua en una presa. En el Día del Juicio la presa se quebrará, ¡y la ira de Dios nos arrastrará!

---

1 El avivamiento de Brownsville, en Pensacola, Florida, duró desde 1996 hasta 2001.
2 Romanos 2:4,5.

Recuerdo con mucha claridad sentir una convicción muy intensa del Espíritu Santo en mi corazón. Me estaba señalando un montón de pecados que todavía albergaba ahí. Mi corazón se aceleró, y el temor de Dios me sobrecogió. Comencé a odiar mi pecado. Sentí la urgencia de correr al altar y arrepentirme, pero no podía porque Steve acababa de empezar a predicar.

Luego empezó a proclamar la bondad y la paciencia que Dios tiene con nosotros. "¡Cómo nos ama Dios para enviar a Jesús a llevarse nuestro pecado! ¡Mírale colgado de esa cruz, soportando la ira de Dios en tu lugar para que tú puedas ser perdonado!". Sentí dolor en mi corazón. El poder de Dios en aquel lugar era electrizante. Mi corazón gritaba: "¡Necesito arrepentirme, necesito arrepentirme!".

Finalmente, el llamado para ajustar cuentas con Dios llegó, y la canción nos animaba a correr al propiciatorio. Postrado en el altar, lloré. Sentí al Espíritu Santo obrando muy profundo. Aquella noche vi y experimenté el poder de Dios como nunca antes en mi vida.

Había una cosa que sí sabía seguro: que mi vida y mi ministerio no volverían a ser los mismos. Había experimentado el poder del evangelio. Había experimentado el poder del Espíritu Santo. También era profundamente consciente de que mi ministerio hasta ese momento había estado centrado en el entretenimiento, y no en la cruz.

Desde aquella noche de octubre he estado consumido por el deseo de vivir en santidad y de predicar un evangelio que se centre en la Cruz.

Había descubierto que el poder de Dios reside en el mensaje de la Cruz.

Lo que sigue es cómo ese descubrimiento ha revolucionado la forma en la que predico el evangelio.

INTRODUCCIÓN

"Porque no me avergüenzo del evangelio, porque es poder de Dios para salvación a todo aquel que cree" (Romanos 1:16).

Un pastor se puso en contacto conmigo para pedirme que diera unos talleres de evangelismo. "Nada de lo que hemos hecho en evangelismo parece funcionar", dijo. "Esperamos que tu método de predicar al aire libre nos funcione también a nosotros".

Hay tantos cristianos desesperados por encontrar algo que funcione, algo que puedan hacer para que la gente se salve y añadir miembros a su iglesia. Su experiencia con el evangelismo les ha dejado frustrados.

Primero de todo, debes saber esto: tu efectividad en el evangelismo se basa en el poder del mensaje y no en tus grandes dotes comunicativas o en tu metodología creativa.

Es el mensaje del evangelio mismo el que es poder de Dios para salvación.

"Porque no me avergüenzo del evangelio, porque es poder de Dios para salvación a todo aquel que cree" (Romanos 1:16).

El primer paso hacia un poderoso evangelismo es entender claramente el mensaje del evangelio.

Así que comencemos.

¿QUÉ ES EL MENSAJE DEL EVANGELIO?

El mensaje del evangelio tiene cuatro partes esenciales. Podemos llamarlas las cuatro columnas.

Imagínatelo como una silla con cuatro patas. Cada pata es necesaria para que la silla funcione correctamente. Quita una pata y la silla se caerá.

Un edificio tiene cuatro columnas principales que lo sostienen. Quita tan solo uno de ellos y todo el edificio se vendrá abajo.

Lo mismo ocurre con las cuatro partes del mensaje del evangelio. Quita solamente una columna del mensaje y quedará inestable e incompleto. Aunque cada columna es poderosa por sí misma, las cuatro columnas son esenciales a la hora de presentar el mensaje completo del evangelio con todo su poder.

¿CUÁLES SON LOS CUATRO COLUMNAS DEL MENSAJE DEL EVANGELIO?

1. **La Ley**. La perfecta Ley de Dios revela tu **PROBLEMA** con el pecado.
2. **La Eternidad**. El enfoque en la Eternidad muestra la terrible **CONSECUENCIA** de tu pecado.
3. **La Cruz**. El sacrificio de Jesús en la Cruz te ofrece una **SOLUCIÓN** a tu problema.
4. **Arrepentimiento** y **Fe.** El Arrepentimiento y la Fe son necesarios para **RESPONDER** al mensaje y recibir la salvación.

Los siguientes capítulos explicarán cada columna y cómo las cuatro juntas obran poderosamente para guiar a la gente a la salvación.

CAPÍTULO UNO
El Problema

El Problema

Tenía 17 años cuando me saqué el carnet de conducir. Me compré un Ford Mustang de 1974. (Vale, me lo compró mi madre y yo se lo fui pagando mes a mes). Un día, mientras conducía por la Autopista 64, adelanté a un coche en zona prohibida y me fui directo hacia un vehículo que venía de frente. Para evitar un choque frontal con el coche, que resultó ser de policía, acabé en la cuneta que había a mi izquierda. El coche patrulla se paró con las luces parpadeando y el policía tuvo que bajar con dificultad hasta la zanja donde estaba mi coche. Con bastante vergüenza bajé la ventanilla y me pidió el carnet. Había quebrantado la ley y supe inmediatamente que tenía un problema enorme.

Todos nosotros tenemos un problema enorme. Hemos quebrantado la Ley de Dios.

PRIMERA COLUMNA
LA LEY

¿QUÉ ES LA LEY?

Aunque la ley ceremonial del Antiguo Testamento ya no se aplica a nosotros como cristianos (por eso ahora podemos comer beicon), la ley moral de Dios —los Diez Mandamientos— sigue todavía vigente[3].

EL PROPÓSITO DE LA LEY

La Ley revela nuestro problema con el pecado.

> "Por medio de la Ley es el conocimiento del pecado"[4].

---

3 Mateo 19:17.
4 Romanos 3:20.

Los Diez Mandamientos son como un espejo para tu alma. Cuando observas la perfecta Ley de Dios, esta refleja lo que hay en tu corazón: tu rebelión, maldad, idolatría y orgullo.

Los Diez Mandamientos describen claramente las directrices de Dios:

1. No tendrás dioses ajenos delante de mí.
2. No te harás ídolos.
3. No tomarás el nombre del Señor tu Dios en vano.
4. Acuérdate del día de reposo para santificarlo.
5. Honra a tu padre y a tu madre.
6. No matarás.
7. No cometerás adulterio.
8. No hurtarás.
9. No hablarás falso testimonio contra tu prójimo.
10. No codiciarás.

Cuando observes los Mandamientos de Dios y después observes tu propio corazón, tu conciencia expondrá tu culpa.

La Ley trae convicción de pecado.

La Ley está escrita en cada corazón. Eso la convierte en una poderosa aliada.

> "Mostrando la obra de la ley escrita en sus corazones, dando testimonio su conciencia, y acusándoles o defendiéndoles sus razonamientos"[5].

Así que, incluso al hablar con gente de otras religiones o de ninguna en absoluto, sabes que la Ley está escrita en sus corazones. Por lo tanto, cuando apuntes al corazón y hables sobre la Ley moral de Dios, el Espíritu Santo despertará su conciencia.

---

5 Romanos 2:15.

Jesús también prometió que cuando el Espíritu Santo viniera, convencería a la gente de pecado, de justicia y de juicio[6].

Esa es la descripción del trabajo del Espíritu Santo entre los no creyentes. No es nuestro trabajo convencer a la gente de pecado, sino el Suyo. Pero cuando hablamos de lo que el pecado implica, estamos invitando al Espíritu Santo a hacer Su poderosa obra en sus corazones y traerles la convicción de pecado que les llevará hasta el Salvador.

La Ley nos lleva a Cristo.

> "De manera que la ley ha sido nuestro ayo, para llevarnos a Cristo,
> a fin de que fuésemos justificados por la fe"[7].

A la Ley se le dio la autoridad, como nuestra guardiana, maestra, tutora o profesora, de llevarnos a Cristo. El Espíritu Santo obra junto con la LEY de Dios para revelar nuestro pecado, destruir toda nuestra esperanza en nosotros mismos como buenas personas, y llevarnos al Salvador, Jesucristo, el único que puede rescatarnos de nuestro pecado.

Entendiendo de forma clara el propósito de la Ley, puedes ver qué herramienta tan poderosa es esta en el evangelismo. Puesto que la Ley ha sido escrita en tu corazón, tiene el poder de mostrarte tu pecado y de llevarte a Jesús.

En la siguiente sección pondré la Ley a trabajar. Lo que destacará será el hecho de que tenemos un serio problema. Al avanzar descubrirás siete enfermedades mortales. Mantente alerta en cuanto a la multitud de ilustraciones que se usarán porque te serán útiles cuando evangelices. Prepárate también para que el Espíritu Santo te revele algunos de los síntomas que tienes de estas enfermedades mortales. Estás a punto de tener un encuentro más profundo con Dios a la vez que ves el poder de Su Ley.

---

6 Juan 16:8.
7 Gálatas 3:24.

1. LA LEY REVELA QUE ERES PECADOR
Un Libro en el Cielo

El Libro del Apocalipsis habla de hombres y mujeres de pie ante Dios en el Día del Juicio cuando los libros sean abiertos y todos sean juzgados conforme a lo que han hecho, bueno y malo[8].

Eso significa que en el libro de tu vida están registradas todas las veces que has quebrantado los mandamientos de Dios en cuanto a:

Pensamiento	Palabra	Obras
• Celos	• Mentiras	• Robo
• Odio	• Críticas	• Ira
• Codicia	• Quejas	• Asesinato
• Deseos lujuriosos	• Chismes	• Adulterio
• Un corazón de juicio	• Blasfemias	• Inmoralidad sexual

El problema es que el libro de tu vida está lleno de pecado de tapa a tapa. Todos hemos pecado y estamos destituidos de la gloria de Dios[9]. Entonces, en el Día del Juicio, ¿qué pasará? ¿Cómo borrarás el pecado? ¿Cómo podrás tener la esperanza de entrar en el cielo?

"La paga del pecado es muerte"[10]. La muerte eterna.

¡Esa sí que es una mala noticia!

---

8 Apocalipsis 20:12.
9 Romanos 3:23.
10 Romanos 6:23.

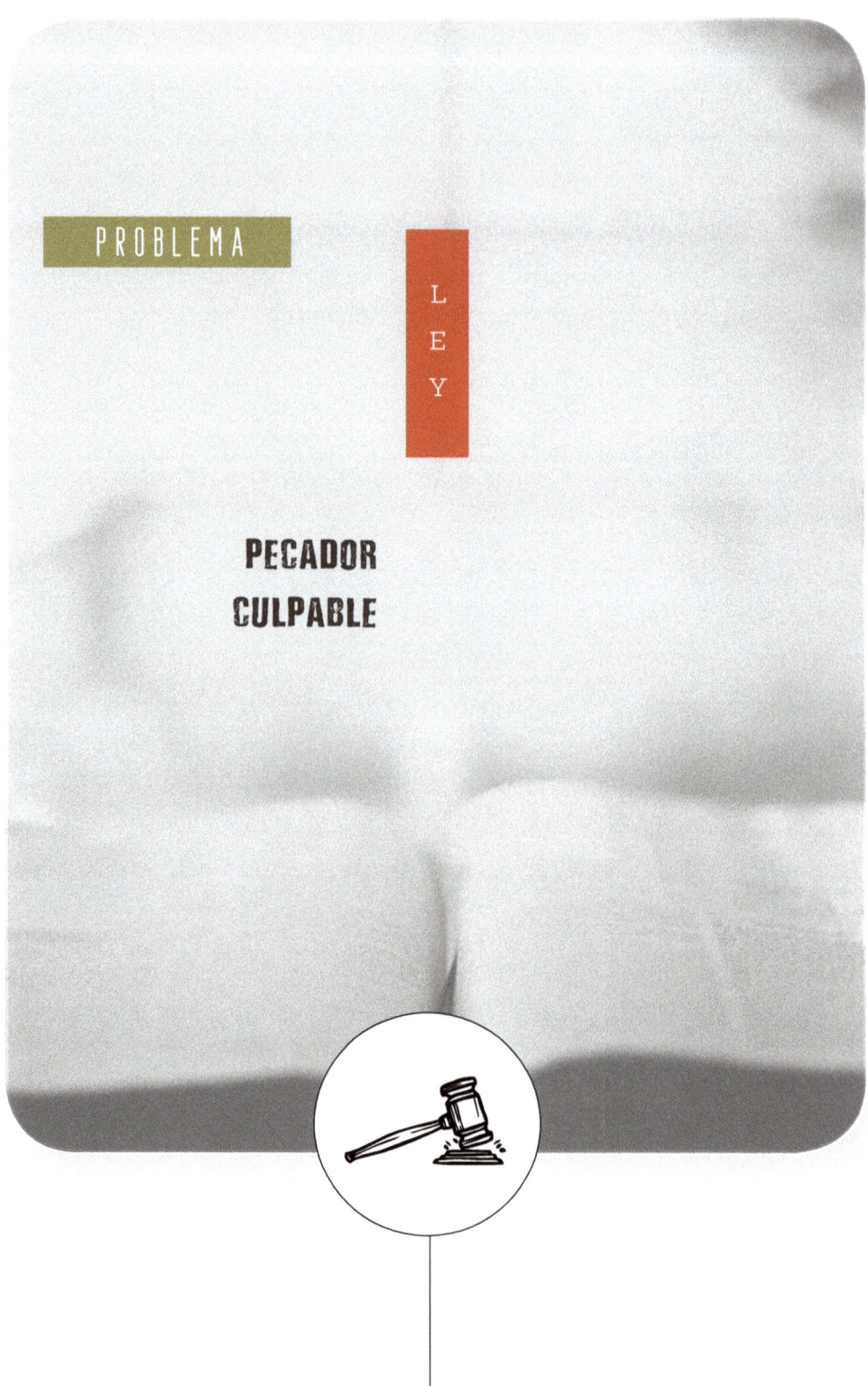

2. LA LEY REVELA QUE ERES CULPABLE
¿Inocente o culpable?

Digamos que has quebrantado los mandamientos de Dios solo 10 veces al día: los juguetes que le quitaste a tu hermana de pequeño revelando tu egoísmo, las mentiras que le dijiste a tus padres de adolescente, el resentimiento que habitó en tu corazón durante años, el espíritu de rebelión, una mirada lujuriosa o el sexo antes del matrimonio.

Cuando te presentes ante el Juez de toda la tierra y toda tu vida esté expuesta ante Él, ¿serás inocente o culpable de desobedecer Sus mandamientos?

Diez pecados al día durante una vida de 70 años serían 255.500 ofensas contra Dios, cada una de ellas aumentando el montón de multas que tendrás que pagar el Día del Juicio.

Tómate la libertad de compararte con otros si quieres. El problema es que los únicos pecados por los que tendrás que responder son los tuyos propios.

¿Qué vas a hacer ese día en el que todo lo que hayas hecho en secreto salga a la luz[11] y baje el mazo? ¡Culpable! Ningún abogado. Nadie que te defienda. Ninguna forma de cambiar el veredicto.

Recuerda, Dios no es malo. Tú sí. Dios solo está impartiendo justicia como lo haría un buen juez. A mí me pusieron una multa de 100 dólares por adelantar en zona prohibida, no porque el juez fuese malo, sino porque yo había quebrantado la ley.

"El Juez de toda la tierra, ¿no ha de hacer lo que es justo?"[12]. Dios impartirá justicia.

Tú no has pecado solamente 10 veces al día. El problema es que has quebrantado la Ley de Dios de demasiadas maneras como para contarlas, y eres culpable.

¡Eso sí que es una mala noticia!

---
11 Lucas 8:17.
12 Génesis 18:25.

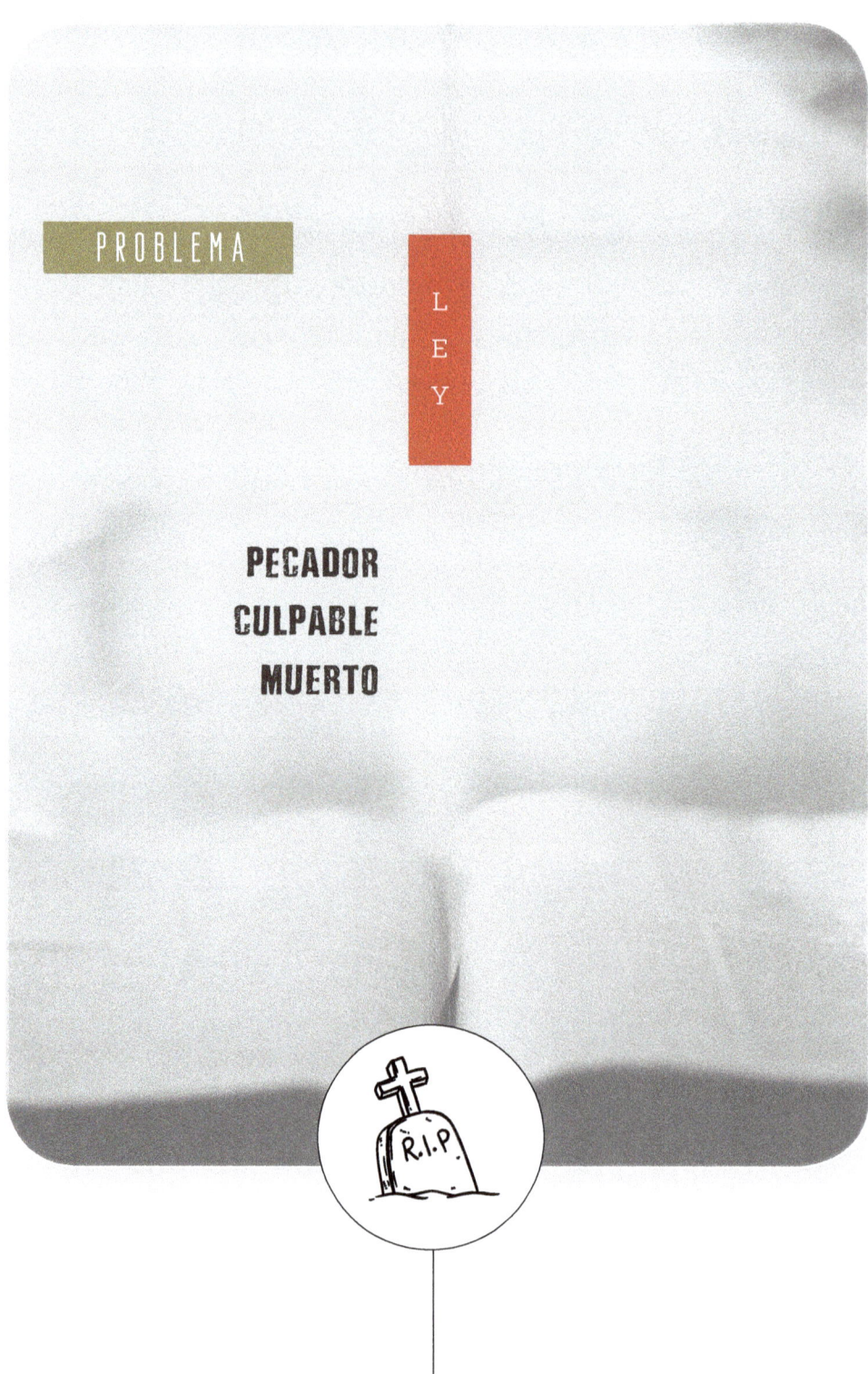

3. LA LEY REVELA QUE ESTÁS MUERTO
El Muerto Viviente

Adán y su mujer vivían en un paraíso llamado Huerto del Edén. Conversaban y se relacionaban con Dios mismo. Trabajaban sin sudar. Cultivaban sin cizaña. Dios solo les había puesto una norma que tenían que cumplir: No comáis del árbol del conocimiento del bien y del mal.

Dios les advirtió que, si comían del fruto prohibido, de cierto morirían. Pero comieron, y de repente se dieron cuenta de que sí había muerto algo.

Su inocencia estaba muerta, y la vergüenza llenaba sus vidas. Su relación especial con Dios estaba muerta. Fueron expulsados del jardín para no volver a caminar con Dios en el frescor de la noche. La esperanza de poder volver al jardín, al árbol de la vida, estaba muerta y, por lo tanto, perdieron la esperanza de vivir para siempre. El pecado comenzó su obra irreversible de muerte en sus cuerpos físicos, y Adán y Eva acabaron muriendo.

Espiritualmente, fueron cortados del soporte vital de Dios. Esta muerte espiritual también se ve cuando las Escrituras dicen "No hay quien entienda". ¿Por qué no entienden? Porque su entendimiento espiritual está muerto. "No hay quien busque a Dios". ¿Por qué no le buscan? No pueden, porque están muertos. "No hay quien haga lo bueno, no hay ni siquiera uno". ¿Por qué no? Los muertos no pueden hacer lo bueno.[13]

Somos muertos vivientes. Con la muerte espiritual ocurre lo mismo que con un cadáver que apesta. Nuestras vidas apestan a:

- Orgullo y arrogancia
- Odio
- Rebeldía contra Dios
- Actitud crítica
- Engaño
- Falta de agradecimiento

"Estabais muertos en vuestros delitos y pecados"[14].

El problema es que los muertos no pueden devolverse a sí mismos a la vida. Ni física, ni espiritualmente.

¡Esa sí que es una mala noticia!

---
13 Romanos 3:10-12.
14 Efesios 2:1.

4. LA LEY REVELA QUE ERES UN ESCLAVO
Promesas, Promesas

Cuando era pequeño, mi padre luchaba con el alcoholismo. Llegaba a casa bebido y le decía a la familia: "Prometo que no voy a volver a beber". Era una promesa que no podía cumplir. La bebida era más fuerte que él, y al final mis padres se divorciaron. Años más tarde, cuando estaba en el seminario, recibí una llamada de teléfono de mi padre. Había estado deprimido y había pensado en suicidarse y, desesperado, había llamado a un pastor. Mientras mi padre estaba sentado en la oficina del pastor tuvo un poderoso encuentro con Jesús y nació de nuevo. Poco tiempo después, sentado en el sofá de su sala de estar, clamó a Dios: "Tú has tenido el poder para salvar mi alma, ahora necesito tu poder para que me liberes del alcohol". Durante aquella llamada de teléfono mi padre me contó cómo el Espíritu de Dios había entrado a la sala de estar y, en un abrir y cerrar de ojos, había sido completamente liberado del alcoholismo. No volvió a beber durante el resto de su vida.

Muchos de nosotros también hacemos promesas que no podemos cumplir.

- Quieres dejar de revivir el abuso que sufriste de niño, pero eres esclavo de la amargura y el resentimiento.
- Prometes dejar de ver pornografía, pero eres esclavo de la lujuria.
- Quieres tratar mejor a tu familia, pero no puedes dejar de gritarles porque eres esclavo de la ira.

Siempre estás prometiendo cambiar, pero simplemente no puedes. Estás encadenado a algo más poderoso que tú.

"Todo aquel que hace pecado, esclavo es del pecado"[15].

El problema es que tu naturaleza malvada hace exigencias y tú eres rápido en someterte. El diablo te tienta, y tú cedes. El mundo te hace señas, y tú le sigues. Eres un esclavo, y no tienes manera de escapar.

¡Esa sí que es una mala noticia!

---

15 Juan 8:34.

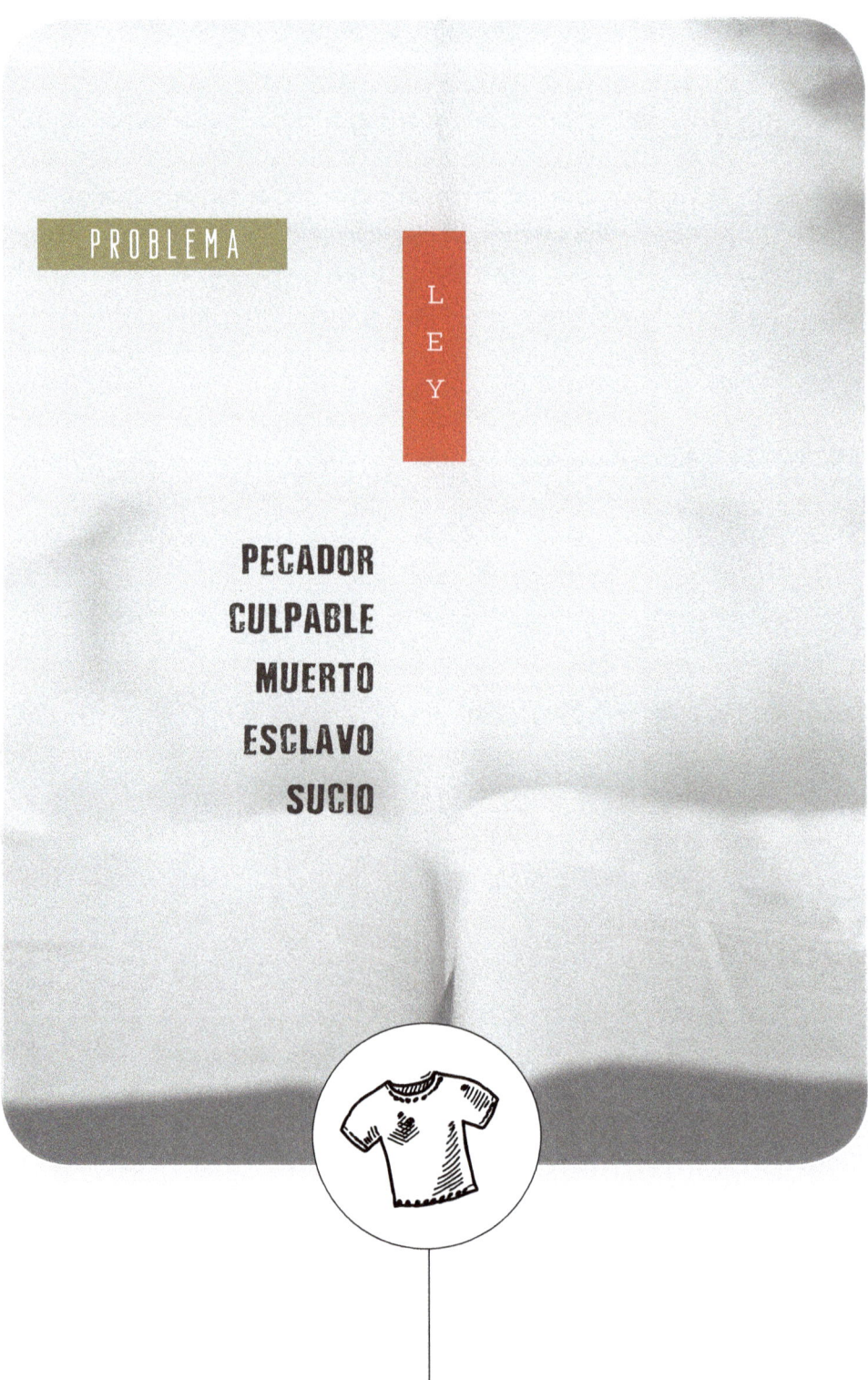

5. LA LEY REVELA QUE ESTÁS SUCIO
Una Mancha en tu Vida

Oyes el lamento en las voces de la gente cuando confiesan sus remordimientos sobre cosas que han hecho en la vida. Tienen una mancha en su carácter. Se sienten sucios. Si tan solo pudieran tener otra oportunidad.

Por ejemplo, tú siempre tienes que tener razón. Siempre tienes que tener la última palabra. Tu espíritu arrogante jamás piensa en pedir perdón. Entonces tu conciencia te acusa de no estar limpio.

Lamentas la enfermedad de transmisión sexual que cogiste a causa de tus múltiples compañeros sexuales mientras alimentabas ese demonio de lujuria que nunca estaba satisfecho. Estás sucio.

Esas son manchas en tu vida, tu conciencia y tu reputación.

A lo mejor, si hicieras algunas cosas buenas, ¿podrías compensar el mal que has hecho? ¿Podría Dios tenerlo en cuenta? Sin embargo, incluso tus justicias son como trapo de inmundicia ante Dios,[16] contaminadas por tu orgullo y tu arrogancia.

> El problema es que tienes innumerables manchas de pecado en tu vida que no puedes quitar, y eso te hace sucio ante un Dios santo.

¡Esa sí que es una mala noticia!

---

16 Isaías 64:6.

PROBLEMA

LEY

**PECADOR
CULPABLE
MUERTO
ESCLAVO
SUCIO
ENEMIGO**

6. LA LEY REVELA QUE ERES ENEMIGO DE DIOS
Mi Voluntad, No la Tuya

Cuando Adán y Eva desobedecieron a Dios al comer del árbol, básicamente estaban diciendo: "Ya sé lo que dijiste, Dios, pero, ¡mejor lo voy a hacer a mi manera! Que se haga mi voluntad, ¡no la tuya!".

Como resultado de ello, fueron echados de la presencia de Dios y les fue negado el acceso al árbol de la vida.

Cuando eliges hacer las cosas a tu manera en vez de como dice Dios, Él te llama enemigo. Esa es una palabra MUY fuerte en la Biblia.

- Es la misma palabra que se usa para el diablo cuando la Biblia habla del enemigo que siembra la cizaña[17].
- Es el tipo de enemigo al que se hace referencia en Colosenses: "Y a vosotros también, que erais en otro tiempo extraños y enemigos en vuestra mente, haciendo malas obras"[18].
- También se explica en Santiago: "¿No sabéis que la amistad del mundo es enemistad contra Dios? Cualquiera, pues, que quiera ser amigo del mundo, se constituye enemigo de Dios"[19].

---

17 Mateo 13:39.
18 Colosenses 1:21.
19 Santiago 4:4.

¿Por qué somos enemigos de Dios? La respuesta corta es porque nos rebelamos contra Él y desobedecemos todos sus mandamientos.

- "Ama a Dios con todo tu corazón". Sin embargo, nos amamos a nosotros mismos con todo nuestro corazón.
- "No mientas". Sin embargo, mentimos todo el tiempo.
- "Vive en pureza". Sin embargo, vivimos en inmoralidad sexual.
- "No codicies". Sin embargo, estamos llenos de avaricia y de amor al dinero.
- "Haced mi voluntad". ¡No! ¡Haremos nuestra propia voluntad!

Imagínate un reino terrenal con un rey benévolo que tiene leyes morales y cuida de su reino. Sus súbditos, sin embargo, ignoran todo lo que él dice y viven como les apetece, como si el rey no existiera. Serían considerados rebeldes y enemigos.

C.S. Lewis escribió: "El hombre caído no es simplemente una criatura imperfecta que necesita una mejora; es un rebelde que debe deponer las armas"[20].

Jesús cuenta la historia de un rey que les dio a sus siervos la paga de tres meses para que invirtieran el dinero y obtuviesen beneficio. Pero sus súbditos le odiaban y enviaron tras él una embajada diciendo: "No queremos que este reine sobre nosotros"[21]. La respuesta del rey fue escalofriante.

---

[20] Mero Cristianismo, capítulo 4, pág. 59.
[21] Lucas 19:14.

"A aquellos mis enemigos que no querían que yo reinase sobre ellos, traedlos acá, y decapitadlos delante de mí"[22].

El problema es que un día te presentarás ante Dios como Su enemigo.
¿Qué harás entonces?

¡Esa sí que es una mala noticia!

---

[22] Lucas 19:27.

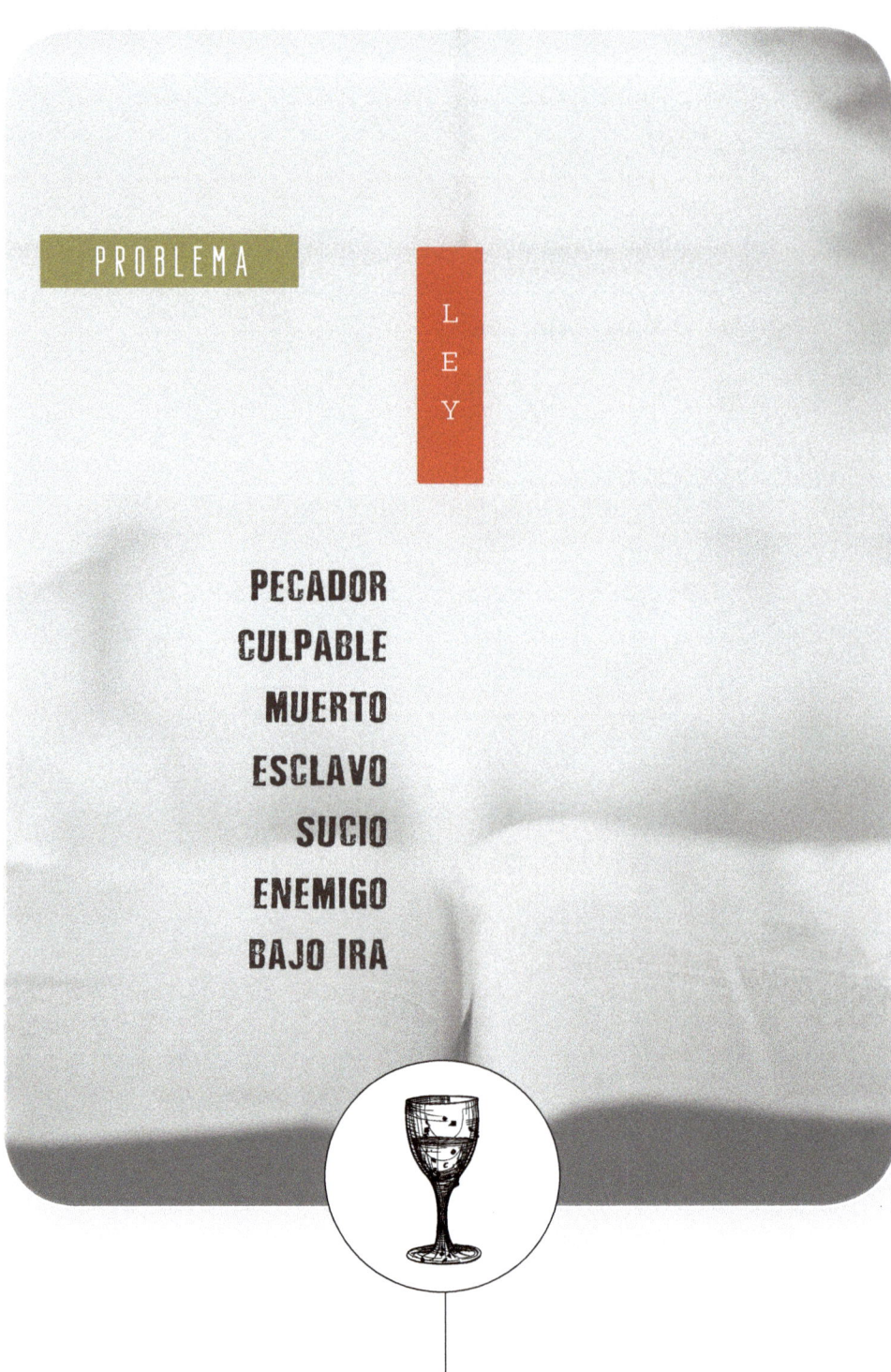

PROBLEMA

LEY

PECADOR
CULPABLE
MUERTO
ESCLAVO
SUCIO
ENEMIGO
BAJO IRA

7. LA LEY REVELA QUE ESTÁS BAJO SU IRA
Una Cosa Horrenda

No sé qué esperas que haga Dios cuando te presentes ante Él como pecador, lleno de culpa, espiritualmente muerto, esclavo de tu pecado, sucio y siendo Su enemigo.

¿Puede ser que esperes misericordia? Pero será demasiado tarde. Un día el Amo de la casa se levantará, cerrará la puerta y tú te quedarás fuera suplicando entrar[23].

En lugar de encontrarte una puerta abierta a la casa de Dios, oirás el veredicto: "Apartaos de mí, hacedores de maldad"[24].

¿Cómo puedes acusar a Dios de ser malo cuando las Escrituras dicen que es por nuestra propia dureza y nuestro corazón no arrepentido por lo que atesoramos ira para el día del juicio[25]?

¿Por qué merecemos su ira?

Dios es santo y justo, y destruirá a todo el que viva en rebelión contra Él. Esa es una advertencia muy fuerte para la gente que vive en este tipo de pecados:

- Inmoralidad
- Impureza
- Pasión
- Deseos malvados
- Avaricia
- Enojo
- Ira
- Malicia
- Palabras ofensivas[26]

El problema es que un día tendrás que pagar por tu propio pecado y tendrás que beber de la copa de la ira de Dios. ¿Dónde te esconderás ese día? ¿Les dirás a los montes y a las peñas: "Caed sobre nosotros, y escondednos del rostro de aquel que está sentado sobre el trono, y de la ira del Cordero"?[27].

Será una cosa horrenda caer en manos del Dios vivo[28].

¡Esa sí que es una mala noticia!

---

23 Lucas 11:25.
24 Mateo 7:23.
25 Romanos 2:5.
26 Colosenses 3:8-9.
27 Apocalipsis 6:16.
28 Hebreos 10:31.

REPASO

Vamos a repasar la primera columna del mensaje del evangelio.

1. Tienes un problema bien serio, que es el pecado.

2. La Ley de Dios, los Diez Mandamientos, revela tu pecado, te convence de él y te muestra la necesidad que tienes de una solución.

3. La mala noticia es que eres pecador, culpable, estás muerto espiritualmente, eres esclavo del pecado, estás sucio, eres enemigo de Dios y estás bajo Su ira.

COMENTARIOS FINALES

Habiendo leído hasta aquí, probablemente ya habrás notado el poderoso efecto de la Ley en tu propia vida. Es muy probable que el Espíritu Santo te haya convencido de pecados concretos que has estado albergando en tu corazón. Aprovecha esta oportunidad para arrepentirte y acudir a Jesús en busca de perdón.

Del mismo modo, cuando usas los mandamientos en el evangelismo, el Espíritu Santo convence a otros de su pecado. Revelará mediante los mandamientos que el pecado es sobremanera pecaminoso[29].

Mientras das ejemplos prácticos de cómo quebrantamos la Ley de Dios, presta atención a la convicción en tus oyentes. Puede manifestarse así:

- Evitan el contacto visual.
- Se preocupan.
- Empiezan a llorar.
- Agachan la cabeza con vergüenza.
- Dejan de justificar su pecado. Cuando la Ley hace su trabajo, su propósito es "que toda boca se cierre y todo el mundo quede bajo el juicio de Dios"[30].

---

29 Romanos 7:13.
30 Romanos 3:19.

- Confiesan su pecado. Eso significa estar de acuerdo con Dios en que Él tiene razón y ellos están equivocados.

No te apresures con esta poderosa herramienta. John Wesley, fundador de la Iglesia Metodista, recomendaba a sus predicadores que predicasen la Ley hasta que pudiesen ver con sus propios ojos la convicción entre sus oyentes. Muchos clamaban con angustia. Era entonces cuando les ofrecía una solución a su problema[31].

No amortigües el evangelio. Cuando tocas el piano y pisas la corda, esta amortigua, atenúa y reduce el efecto. Amortiguas el evangelio si no compartes la Ley con la gente o si pasas por este paso vital demasiado rápido. A menudo queremos proteger a la gente de sentirse mal o culpable, pero la convicción de pecado es un regalo maravilloso de Dios que prepara a la gente para el arrepentimiento, el cual, a su vez, lleva a la salvación. No les robes esa profunda experiencia con Dios. Cuanto más vean la profundidad de su pecado, más verán la grandeza del sacrificio de Jesús y más amarán al Salvador. Al que se le perdona mucho, ama mucho[32].

No diluyas el evangelio. Diluir es disminuir la fuerza de algo modificándolo o añadiéndole otros elementos. En Suecia tienen un concentrado de fruta llamado SAFT. Se diluye añadiendo cuatro vasos de agua por cada vaso de concentrado. Yo no conocía el proceso cuando fui a Suecia por primera vez. Un día me eché un vaso de concentrado y me lo bebí. "¡Madre mía! ¡Esto está muy fuerte!", pensé. "¿Cómo se beben esto?". Cuando compartimos el evangelio, la gente necesita escucharlo concentrado, con toda su fuerza, sin diluir, para que acaben diciendo: "¡Madre mía! ¡Esto es muy fuerte!".

No desafiles la espada. Una espada solo es útil cuando está afilada. Evitando hablar del pecado, desafilas la espada. La Ley cortará a través de las excusas y las justificaciones del oyente para despertar su conciencia y prepararle para la solución a su problema con el pecado[33].

---

31 Obras de John Wesley, Volumen 11, págs. 486-7.
32 Lucas 7:47.
33 Hebreos 4:12.

¿Dónde reside el poder de la Ley?

Permite que el efecto completo de la Ley haga su trabajo. Ahí es donde reside el poder.

Cuando usas la Ley en el evangelismo:

1. Apuntas al corazón, donde Dios ha escrito Su ley, y la conciencia del pecador despertará[34].

2. El Espíritu Santo convencerá de pecado y hará entender el estándar de justicia de Dios[35].

3. Dios mostrará al pecador su gran necesidad de una solución para su pecado y le preparará para buscarla[36].

Cuando el efecto completo de la Ley se haya alcanzado, el pecador debería estar preguntando: "¡¿Qué tengo que hacer para ser salvo?!".

> Primero se debe de entender las malas noticias antes de poder entender las buenas noticias.

Antes de que alguien esté dispuesto a pasar por cirugía, radiación y quimioterapia, debe ser consciente de la mala noticia de que tiene cáncer. Un escáner, una reunión con el oncólogo y la terrible noticia llevarán al paciente a decir: "¿Qué tengo que hacer para librarme del cáncer y estar bien? ¿Qué solución me ofrece?". Y así será cuando guíes a alguien a través de la Ley. Verá la mala noticia de su pecado y buscará una solución.

---

34 Romanos 2:15.
35 Juan 16:8.
36 Gálatas 3:24.

TESTIMONIO

David estaba viendo las noticias de la inundación en su barbería. Giovani, un cliente de la comunidad homosexual, entró e hizo un comentario sobre que parecía que el mundo se estaba acabando. Aprovechando la oportunidad, David le preguntó dónde iría él si se acabara el mundo. ¿Sería lo bastante bueno para ir al cielo? ¿Había obedecido los mandamientos de Dios? Cuando Giovani empezó a ver su vida reflejada en los Diez Mandamientos, reconoció que era culpable de haber mentido, robado, de inmoralidad sexual y de codiciar lo que no tenía. La convicción de pecado se hizo tan fuerte en él que rodeó el cuello de David con los brazos y cayó de rodillas sollozando y clamando: "¡¿Qué puedo hacer?!". Giovani le suplicó perdón a Jesús y le pidió un corazón limpio. David le animó a dejar su vieja vida atrás, a comenzar a reunirse con otros creyentes y a contarles a los demás lo que Jesús había hecho por él. Secándose las lágrimas de los ojos, Giovani salió de la barbería aquel día con paz en su corazón y la oportunidad de un nuevo comienzo.

CAPÍTULO DOS
La Consecuencia

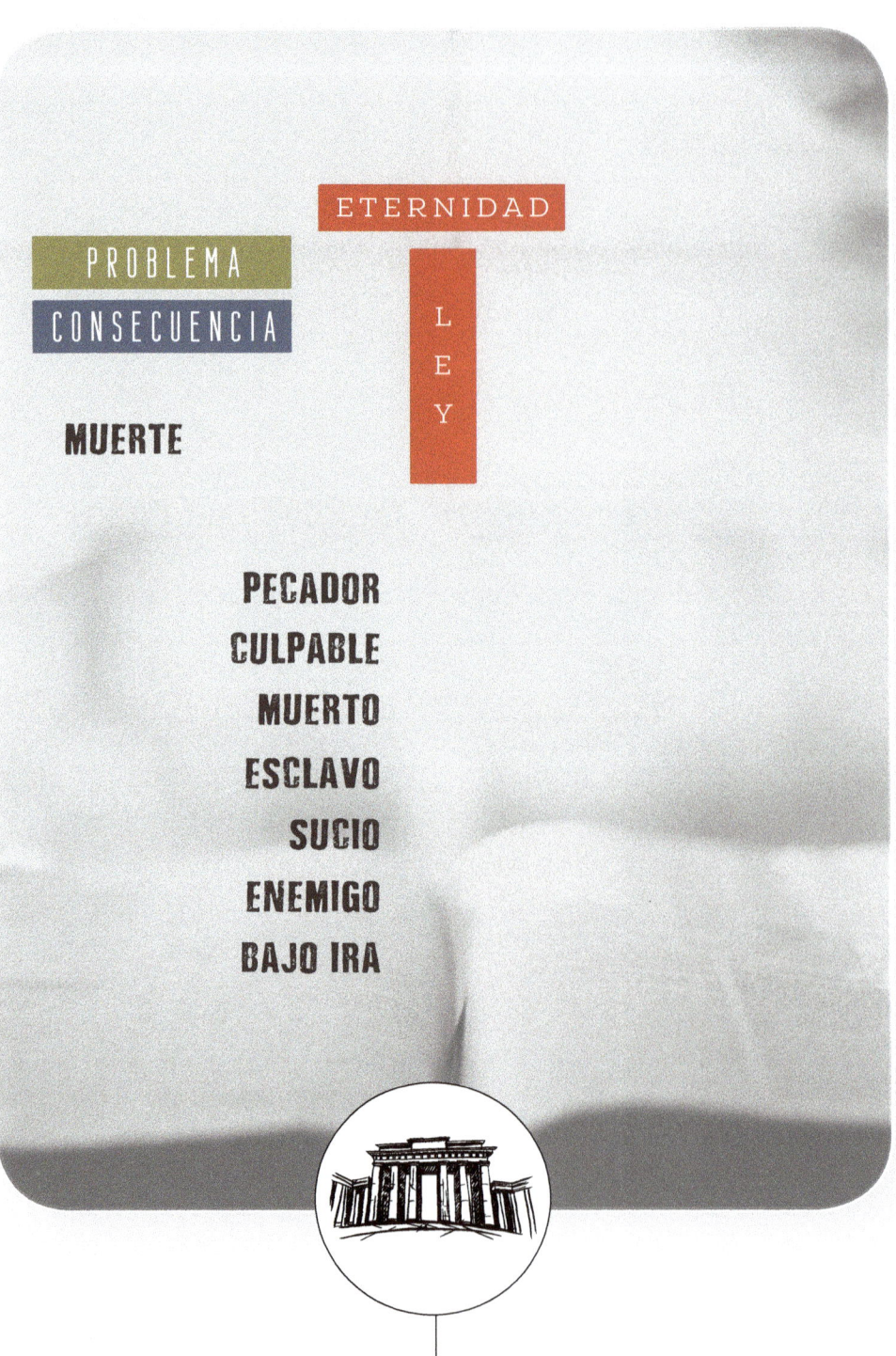

El Problema

Un mes después de que me parase la policía, estaba en el juzgado ante el juez. A mi derecha estaba sentado el agente que me había puesto la multa de tráfico. El juez me miró y me dijo: "Jacob Francis Bock, el 15 de julio, mientras conducías por la Autopista 64, ¿adelantaste a un coche en zona prohibida?". Miré al policía. ¿Qué iba a decir? ¡Pues claro que era culpable! "Sí, Señoría. Lo siento. Le prometo que no volverá a ocurrir". Tenía esperanzas de que me perdonara la multa. Pero no lo hizo. Ahora tenía otro problema: ¡¿quién iba a pagar la multa de 100 dólares!?

Entonces, la primera columna te deja sin habla y expone tu culpa ante Dios. La segunda columna te ayudará a darte cuenta de que la consecuencia de tu pecado es la muerte eterna.

Antes de que llegue a las buenas noticias y a la solución a tu problema, debes entender las consecuencias de tu pecado.

Cuando estaba de pie ante el juez, las pruebas de mi culpa eran aplastantes. La pregunta que amenazaba en mi mente era: "¿Cuál será mi sentencia? ¿Cuánto tendré que pagar? ¿Iré a la cárcel?".

Este es el paso final de la preparación del terreno del corazón del pecador para hacer así que se disponga a escuchar lo que el Salvador puede hacer por él.

SEGUNDA COLUMNA
LA ETERNIDAD

Si alguien cercano a ti ha muerto, es muy probable que hayas pensado en la eternidad. En 2018, cuando mi mujer, Julie, estaba muriendo de cáncer, hablamos mucho sobre la eternidad. Cuando la gente le preguntaba cómo estaba, ella contestaba: "Mi alma está bien". Cuando evangelizaba, no escondía el hecho de que estaba muriendo. Utilizaba su situación para advertir a la gente de que estuviera preparada para el día en que nos presentemos ante Dios.[37]

---

37 Julie Bock se fue al cielo el 18 de abril de 2018.

La eternidad es un misterio para nosotros. Sin embargo, sí sabemos que toda la gente, sin importar la raza o la religión, algún día se enfrentará a:

1. **La muerte.** Diez de cada diez personas que nacen morirán algún día.
2. **El juicio.** Después de la muerte, el cuerpo es enterrado y el alma será juzgada.
3. **El cielo o el infierno.** Dios ha preparado dos destinos eternos diferentes.

La eternidad está escrita en cada corazón.

"Ha puesto eternidad en el corazón de ellos" (Eclesiastés 3:11).

Hay dos cosas escritas en cada corazón: La Ley de Dios y la eternidad. Eso muestra lo importante que es incluirlas en el mensaje del evangelio.

¿Qué dice la Biblia sobre la eternidad?

I. LA MUERTE

La Muerte Es Inevitable

"Está establecido para los hombres que mueran una sola vez, y después de esto el juicio"[38].

El comer bien y el hacer ejercicio solo pueden mejorar tu calidad de vida, pero no harán que vivas para siempre. "¿Quién de ustedes, por mucho que se preocupe, puede añadir una sola hora al curso de su vida?"[39].

No pensar en la muerte no la evitará, y no prepararse para ella es una necedad[40].

---

38 Hebreos 9:27.
39 Mateo 6:27 (NVI).
40 Lucas 12:20.

CAPÍTULO DOS: LA CONSECUENCIA

La Muerte Es un Enemigo

La Biblia identifica a la muerte como el último enemigo que será destruido[41]. Jesús destruyó a la muerte personalmente en Su resurrección. Y a Sus seguidores les hizo la promesa de que no sufrirían la segunda muerte[42], es decir, el lago de fuego.

> Los cristianos también tienen la promesa de la resurrección física de sus propios cuerpos, pero hasta el juicio final, tendremos que pasar por la puerta de la muerte.

Formas de Hablar Sobre la Muerte

Cuando evangelices, tendrás que introducir el tema de la muerte. Aunque no se habla de ella a menudo, la gente siente curiosidad sobre lo que pasa cuando morimos. Aquí hay algunos ejemplos de cómo podemos abordar el tema.

1. "¿Crees que irán al cielo muchos o pocos cuando mueran?". Esa pregunta se la hizo alguien a Jesús[43]. Nosotros también podemos hacerla. Una vez que te den su respuesta, puedes seguir con: "¿Crees que tú serás uno de los que vayan al cielo cuando mueran?".

2. Las estadísticas dicen: "Diez de cada diez personas nacidas en esta ciudad… morirán algún día". Luego puedes seguir con: "¿Tienes alguna idea de si Dios te dejará entrar al cielo cuando mueras?".

3. Tu vida es neblina[44]. Usa ilustraciones como la neblina, las nubes y el humo para resaltar la brevedad de la vida. Después habla sobre lo que sigue.

Después de la muerte viene el juicio.

---

41 1 Corintios 15:26.
42 Apocalipsis 2:11.
43 Lucas 13:23.
44 Santiago 4:14.

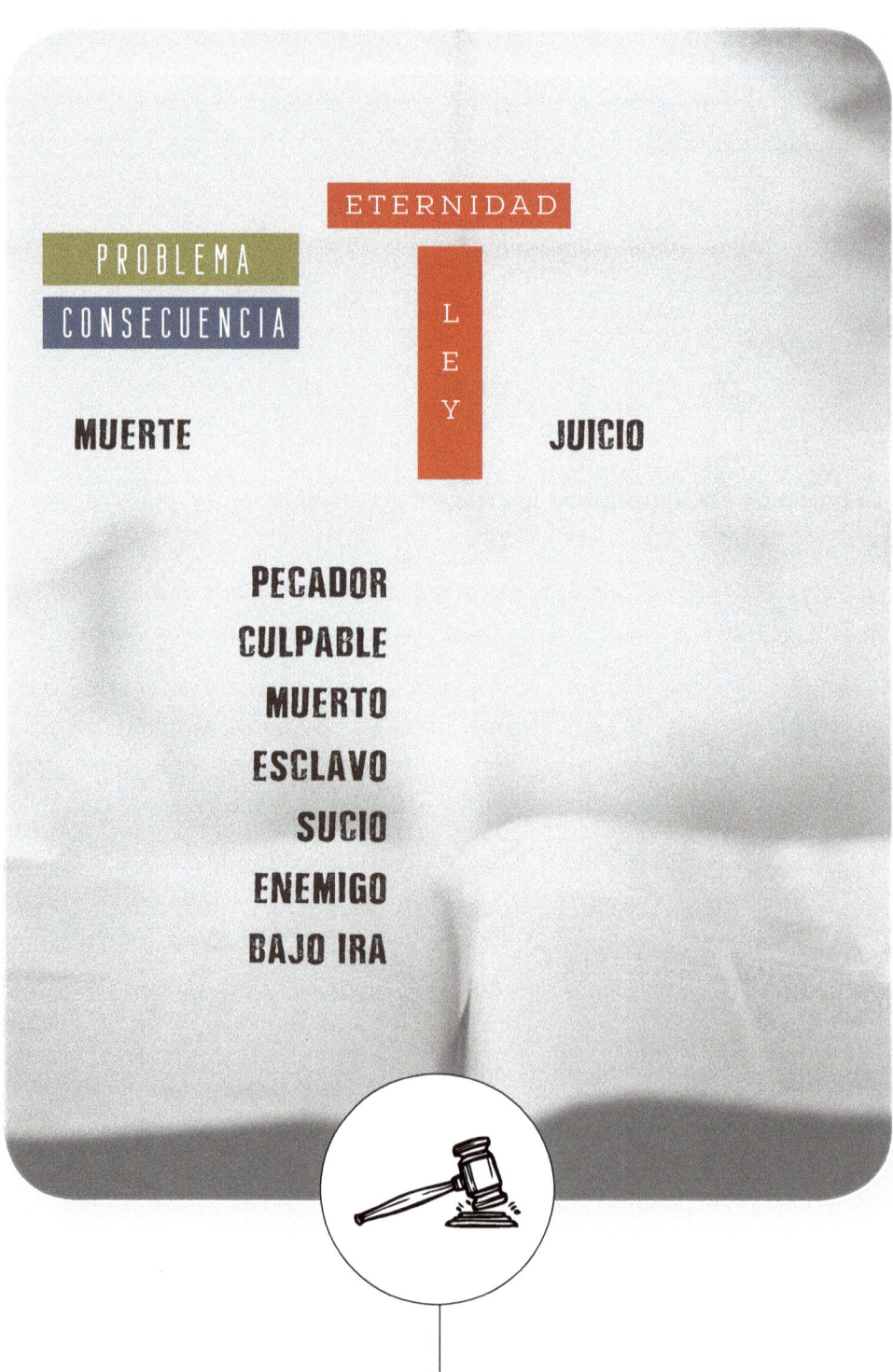

2. EL JUICIO

> *Presentarme ante el juez para dar cuenta de mi conducción temeraria fue muy intimidante. Ahí estaba yo con el juez, el acusador (el policía), el taquígrafo de tribunal y mi culpa. Después de prometer al juez que no lo volvería a hacer, el taquígrafo siguió registrando todo lo que ocurría en la sala. Al día siguiente, el periódico de mi ciudad decía: "Jacob Francis Bock fue hallado culpable de adelantar en zona prohibida. Recibió una multa de 100 dólares y prometió al tribunal que no lo volvería a hacer". ¡Imagínate cómo me tomaron el pelo mis amigos en el instituto al día siguiente! ¡Qué humillante!*

Un día, todos nos presentaremos ante Dios para ser juzgados. Si mueres perdonado, no tendrás que pagar por tu pecado, pero serás juzgado según tus obras para determinar tu recompensa.

Sin embargo, si mueres en tu pecado, serás juzgado según todo lo escrito en tu libro para determinar todas las consecuencias de tu pecado.

Debido a que la eternidad está escrita en tu corazón, tienes esa inquietante sensación de que podrías no salir airoso en cuanto al mal que has hecho. "Mía es la venganza"[45] te viene a la cabeza, y tienes miedo, y con razón, porque tienes que presentar tu vida ante Dios.

Jesús contó diferentes historias para explicar el reino de Dios a cada clase social. En esas historias también puedes ver cómo será el juicio y cuáles serán las consecuencias para aquellos que mueren en sus pecados.

1. Al pastor, le habla de la separación entre las ovejas y las cabras. "Cuando el Hijo del Hombre venga en su gloria, y todos los santos ángeles con él, entonces se sentará en su trono de gloria, y serán reunidas delante de él todas las naciones; y apartará los unos de los otros, como aparta el pastor las ovejas de los cabritos. Y pondrá las ovejas a su derecha, y los cabritos a su izquierda"[46].

---
45 Romanos 12:19.
46 Mateo 25:31-33.

2. Al pescador, le describe la selección de los peces y cómo los malos son descartados. "Asimismo el reino de los cielos es semejante a una red, que echada en el mar, recoge de toda clase de peces; y una vez llena, la sacan a la orilla; y sentados, recogen lo bueno en cestas, y lo malo echan fuera. Así será al fin del siglo: saldrán los ángeles, y apartarán a los malos de entre los justos, y los echarán en el horno de fuego; allí será el lloro y el crujir de dientes"[47].

3. Al agricultor, le compara el trigo con la cizaña. "Dejad crecer juntamente lo uno y lo otro [la cizaña y el trigo] hasta la siega; y al tiempo de la siega yo diré a los segadores: Recoged primero la cizaña, y atadla en manojos para quemarla; pero recoged el trigo en mi granero"[48].

4. Al invitado a la boda que llegó sin haberse preparado en absoluto, le cuenta las medidas drásticas que se tomaron. "Y entró el rey para ver a los convidados, y vio allí a un hombre que no estaba vestido de boda. Y le dijo: Amigo, ¿cómo entraste aquí, sin estar vestido de boda? Mas él enmudeció. Entonces el rey dijo a los que servían: Atadle de pies y manos, y echadle en las tinieblas de afuera; allí será el lloro y el crujir de dientes"[49].

La idea básica de juicio es que habrá una separación de personas. Algunos podrán entrar al cielo; otros serán echados al infierno. Pero tengo que hacer una confesión. Cuando estaba escribiendo la oración anterior sobre el infierno, estuve tentado a suavizarla y decir: "Algunos podrán entrar al cielo, *y otros no*". Palabras como *infierno, lago de fuego y tormento eterno* suenan duras y estremecedoras. Bueno, el infierno es un lugar estremecedoramente duro. Si intentas imaginar cómo será el infierno, tienes que entender que probablemente será peor de lo que te imaginas. Jesús no se cortaba a la hora de usar esas palabras, así que tú tampoco deberías. Eso sí, hazlo con un corazón de amor.

---

[47] Mateo 13:47-50.
[48] Mateo 13:30.
[49] Mateo 22:11-13.

La Importancia de Tu Libro

Sabemos que un día los libros serán abiertos[50]. Lo principal en el Día del Juicio tiene que ver con tu libro y lo que hay escrito en él. Tu vida será juzgada según la Ley de Dios. Cualquier pecado que se encuentre en tu libro te excluirá del cielo, aunque sea solo uno. "Porque cualquiera que guardare toda la ley, pero ofendiere en un punto, se hace culpable de todos"[51].

Los Dos Veredictos Posibles

Ese día oirás a Jesús decir una de estas dos cosas:

1. "VENID, benditos de mi Padre, heredad el reino preparado para vosotros desde la fundación del mundo".

Imagínate ante Jesús con un libro sin pecado y oyéndole llamarte por nombre: "¡Ven, Jacob!". ¡Qué día de regocijo! ¡Las puertas del cielo abiertas de par en par, tú recibes tu corona de vida y entras en el gozo de tu Señor al lugar que ha preparado para ti![52]

O puedes oír:

2. "APARTAOS de mí, malditos, al fuego eterno preparado para el diablo y sus ángeles"[53].

¡Qué horror! ¡Qué cosa tan horrenda es caer en manos del Dios vivo![54]

¡Qué remordimiento! Ojalá te hubieses arrepentido de tu pecado y hubieras corrido a Cristo en busca de perdón, pero ahora es demasiado tarde.

"Allí será el llanto y el crujir de dientes, cuando veáis a [otros] en el reino de Dios, y vosotros estéis excluidos"[55].

Mira! Ahí vienen los siervos a ejecutar la sentencia dictada desde el tribunal de Dios. "Atadle de pies y manos, y echadle en las tinieblas de afuera; allí será el lloro y el crujir de dientes"[56].

¡Ay de aquel que oiga la palabra: "Aparta"!

---

50 Apocalipsis 20:12,13.
51 Santiago 2:10.
52 Mateo 25:34.
53 Mateo 25:41.
54 Hebreos 10:31.
55 Lucas 13:28.
56 Mateo 22:13.

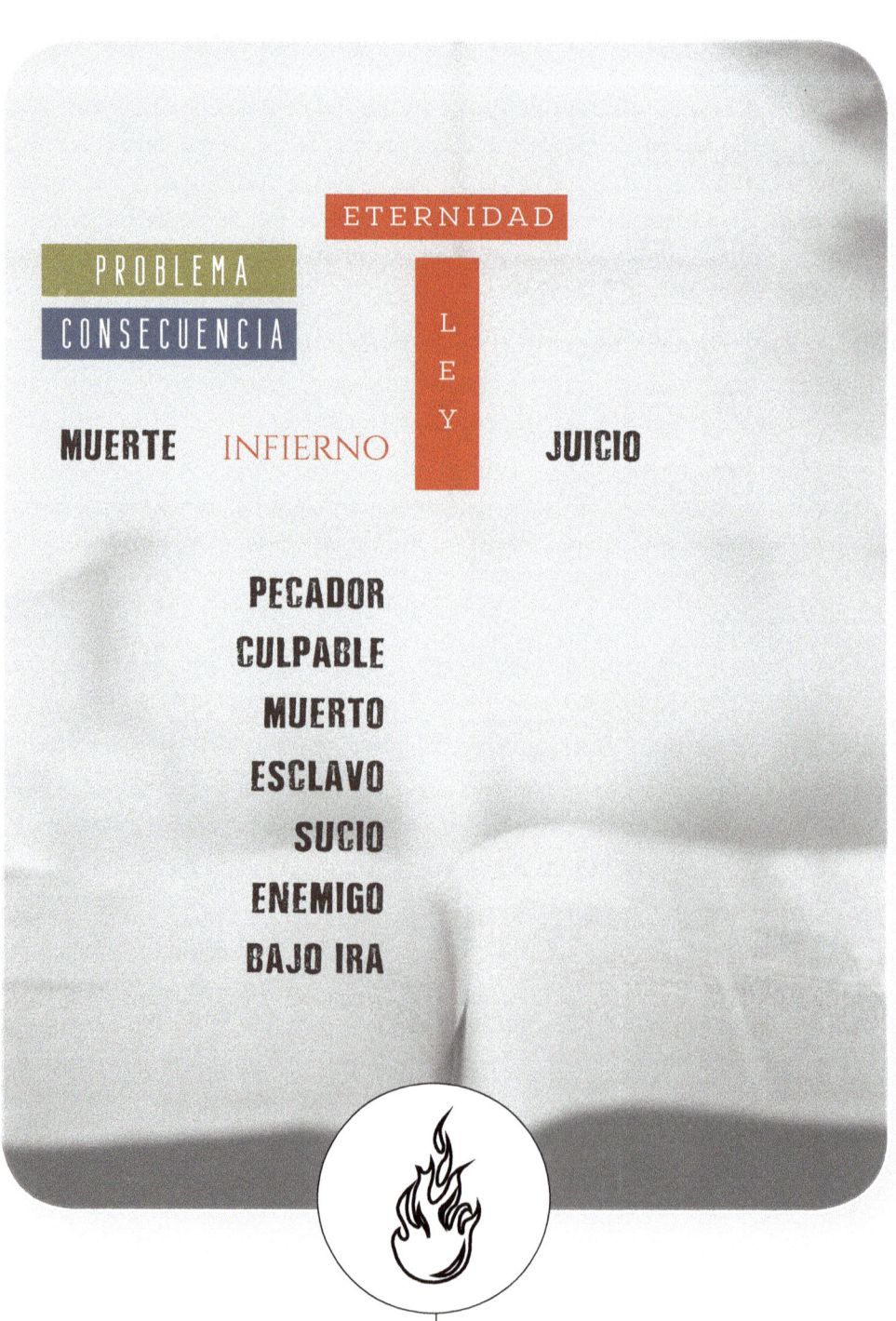

3. EL INFIERNO

> "Porque ancha es la puerta, y espacioso el camino que lleva a la perdición, y muchos son los que entran por ella"[57].

Tristemente, la mayoría de la gente muere en sus pecados porque prefiere su vida, su pecado, su religión o su reputación por encima del arrepentimiento y la sumisión a Cristo.

La mayor parte de lo que sabemos sobre el infierno es lo que Jesús nos contó. El hecho de que hablase tres veces más sobre ese lugar de tormento que del cielo debería decirte lo importante que era para Él. Si advertirnos sobre el juicio y el infierno era importante para Jesús, debería ser importante para ti también cuando compartas el mensaje del evangelio.

¿Qué Es el Infierno?

Mucha gente dice que estamos experimentando el infierno aquí en la tierra. Y en parte tienen razón, porque experimentamos algunas de las consecuencias del pecado aquí en la tierra. Hay sufrimiento, lágrimas, relaciones rotas, angustia y soledad. Pero también experimentamos un poco del cielo en la tierra. Disfrutamos de la amistad y del amor, apreciamos la belleza y tenemos esperanza en cuanto al futuro. Cuando tenemos hambre, podemos comer. Cuando tenemos sed, podemos beber. Pero estos son regalos de Dios que no habrá en el infierno.

La gente dice que se lo pasará genial de fiesta con sus amigos en el infierno. Pero allí no habrá amigos, solo soledad y oscuridad. No habrá ningún tipo de disfrute en el infierno, solo sufrimiento y remordimiento.

Entonces, ¿en qué se diferenciará el infierno de lo que experimentamos en la tierra?

- El infierno es la ausencia total de Dios y de todo lo bueno porque "toda buena dádiva y todo don perfecto desciende de lo alto, del

---

57 Mateo 7:13.

Padre de las luces"[58]. Pero puesto que Dios no está allí, no habrá nada bueno en el infierno.
- No hay amor en el infierno porque Dios es amor, y Él no está allí[59].
- No hay bondad en el infierno porque Dios es bueno, y Él no está allí[60].
- No hay esperanza en el infierno porque Dios es el Dios de esperanza, y Él no está allí[61].
- No hay vida en el infierno porque Jesús es la vida, y Él no está allí[62].
- No hay agua en el infierno porque Jesús es el agua viva, y Él no está allí[63].
- No hay alimento en el infierno porque Jesús es el Pan de Vida, y Él no está allí[64].
- Solo hay oscuridad en el infierno porque Jesús es la Luz del Mundo, y Él no está allí[65].
- No hay escapatoria del infierno porque Jesús es la puerta, y Él no está allí[66].

"Sufrirán pena de eterna perdición, excluidos de la presencia del Señor y de la gloria de su poder"[67].

El infierno es sencillamente horrendo. A nadie le gusta pensar en él. A nadie le gusta predicar sobre él. Nadie puede entender lo horrible que es realmente. Pero antes de terminar con este breve resumen del infierno, tienes que entender esto:

Dios NO quiere que vayas allí.
- Su deseo es que todos procedan al arrepentimiento para evitar este lugar de destrucción[68].

---

58 Santiago 1:17.
59 1 Juan 4:8.
60 Marcos 10:18.
61 Lukcas 16:26; Romanos 15:1.
62 Juan 14:6.
63 Lucas 16:24; Juan 7:38.
64 Juan 6:35.
65 Juan 8:12.
66 Juan 10:7.
67 2 Tesalonicenses 1:9.
68 2 Pedro 3:9.

- El infierno fue creado para el diablo y sus ángeles, no para las personas[69].
- La Cruz es la prueba de que Dios quiere librarte de ir a ese lugar[70].

El infierno es tu elección; no tienes excusa.

- Hay dos caminos a la eternidad: el ancho y el estrecho. Puedes elegir el camino estrecho que lleva a la vida, o puedes elegir el camino ancho que lleva a la perdición[71].
- Algunos de vosotros sois como los cinco hermanos del hombre rico que estaba en el infierno, que tenían la Ley y los profetas para advertirles, pero no escuchaban[72].
- El deseo de Dios era recogerte, como la gallina a sus polluelos, pero no le dejaste[73].
- Al final, aquellos que vayan al infierno solo recibirán lo que habrán elegido toda su vida: vivir sin Dios y hacer las cosas a su manera.

C.S. Lewis dijo: "Al final solo hay dos tipos de personas: las que le dicen a Dios: 'Hágase tu voluntad' y a las que Dios dice al final: 'Hágase tu voluntad'. Todos los que están en el infierno lo han elegido así"[74].

"¡Qué horror!", dices tú. Sí, lo es. Si no fuese por el hecho de que "de tal manera amó Dios al mundo", el infierno sería tu destino eterno. Dios no quiere que ninguno perezca. Quiere que todos procedan al arrepentimiento y que el cielo sea su hogar eterno[75].

Sin embargo, Jesús dijo que serán muy pocos los que entren en el cielo. "Porque estrecha es la puerta, y angosto el camino que lleva a la vida, y pocos son los que la hallan"[76].

Ahora echemos un vistazo a cómo será el cielo.

---

69 Mateo 25:41.
70 1 Juan 3:16.
71 Mateo 7:13.
72 Lucas 16:31.
73 Lucas 13:34.
74 El Gran Divorcio, pág. 75.
75 2 Pedro 3:9.
76 Mateo 7:14.

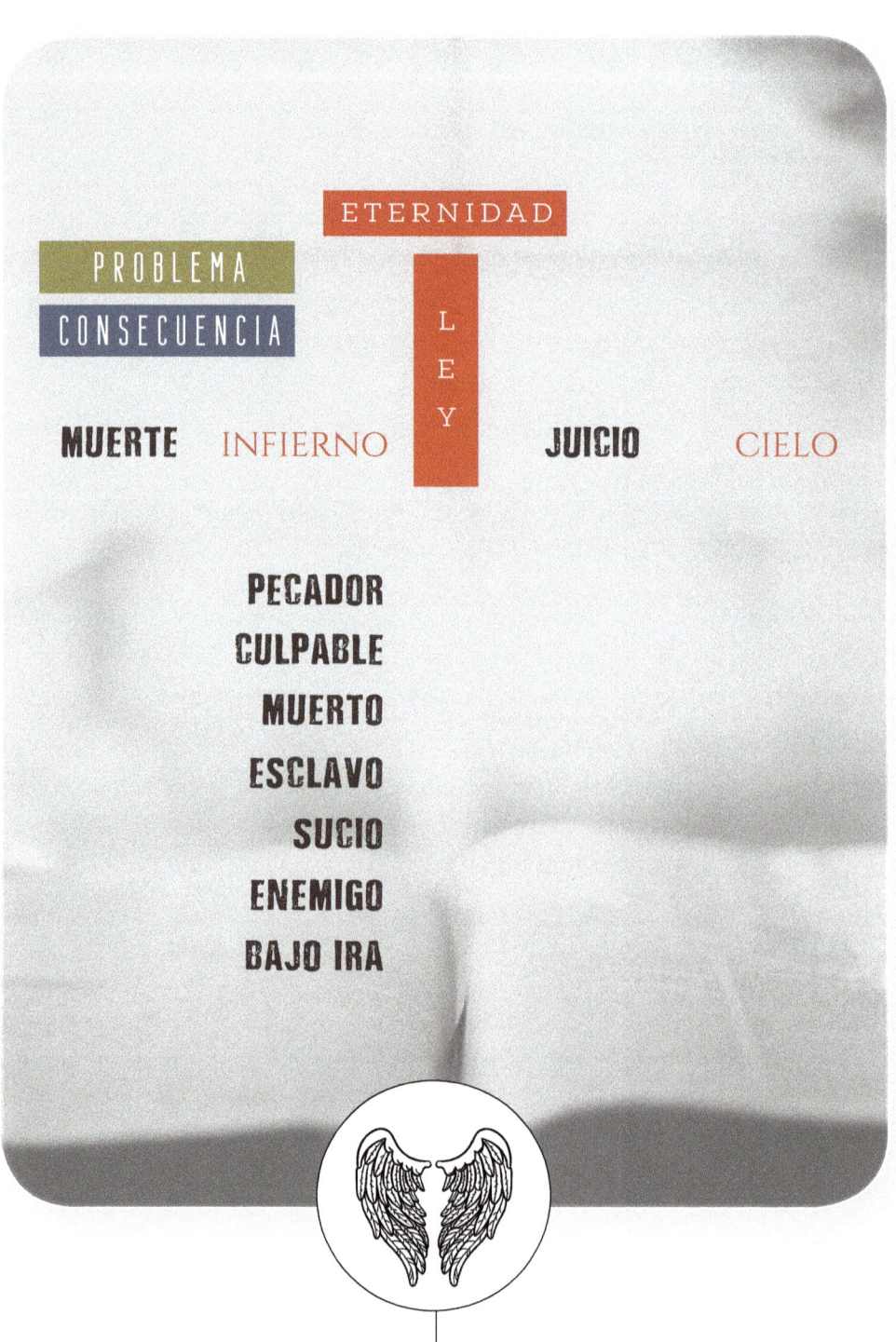

4. EL CIELO

¿Qué Es el Cielo?

El cielo es el hogar de Dios, un lugar permanente donde reside la presencia de Dios. Puesto que Dios está allí, todo lo bueno está también allí. Habrá amor, gozo, paz, bondad, pureza y esperanza. Podrás disfrutar de la belleza, la comunión y la vida al máximo.

La mayor parte de lo que sabemos sobre el cielo lo aprendemos de Jesús y del Apóstol Juan. Jesús dijo que prepararía un lugar para ti allí. Juan describió el cielo como la nueva Jerusalén, una ciudad con calles de oro, ríos de agua viva y el árbol de la vida. Allí verás a aquellos de tus seres queridos que hayan creído, los ángeles de Dios y, lo mejor de todo, ¡verás a Jesús cara a cara en toda Su gloria!

En el cielo NO experimentarás el pecado ni ninguna de sus consecuencias. No habrá enfermedad, ni muerte, ni lágrimas, ni miedo, ni soledad, ni depresión. Serás libre de tentación, de acusación y de condenación del diablo y sus demonios para siempre.

Una vez que estás en Cristo, te conviertes en ciudadano del cielo, y tu deseo es estar allí con tu Señor y Salvador.

REPASO

Vamos a repasar la segunda columna del mensaje del evangelio.

Al hablar de la eternidad, al pecador se le recuerda su muerte inminente y la certeza de que será juzgado por Dios si sigue en pecado. Se explican el juicio y el infierno para que sea plenamente consciente de las consecuencias.

Cuando el Espíritu Santo haya hecho su obra usando la Ley y la eternidad, el pecador debería estar desesperado por una solución a su problema con el pecado. Ahora la Cruz tendrá sentido para el pecador y revelará la solución que Dios tiene para él.

COMENTARIOS FINALES

¿Dónde reside el poder de hablar de la eternidad?

1. Puesto que el Espíritu Santo convence del Día del Juicio, cuando tú incluyes eso en tu mensaje de evangelismo, le invitas a hacer Su obra para que así el pecador se encuentre cara a cara con las consecuencias de su pecado[77].

2. Puesto que Dios ha puesto eternidad en el corazón de los hombres[78], cuando hablas de lo que ocurre después de la muerte, estás invitando al Espíritu Santo a penetrar el corazón de piedra y hacer despertar al pecador de su indiferencia para que enfrente la eternidad.

> Si evitas hablar específicamente sobre la muerte, el juicio, el cielo y el infierno en el evangelismo, habrás quitado una de las herramientas principales del Espíritu Santo para advertir al pecador de las terribles consecuencias del pecado.

Cuando el Espíritu Santo revela la realidad del juicio pendiente y de sus consecuencias, prepara al pecador para recibir las buenas noticias.

---

77 Juan 16:8.
78 Eclesiastés 3:11.

TESTIMONIO

Jorge creció en la iglesia e incluso llegó a ser líder de jóvenes. A los 16 años, se electrocutó mientras nadaba, y de hecho murió. Antes de que lo resucitasen, experimentó un profundo miedo en cuanto a dónde pasaría la eternidad. Unos años más tarde, fue a España a un viaje misionero y se involucró en ONTHEREDBOX. Dios comenzó a confrontarlo sobre su pecado de orgullo, robo y pensamientos lujuriosos. Poco después tuvo un sueño sobre el infierno que le llevó a caer de rodillas y clamar a Dios en busca de perdón. Rindió su vida completamente a Jesús en aquel momento y experimentó la liberación de su pecado. Jorge se apasionó tanto por hablar a otros de Jesús que levantó muchos equipos de evangelismo en México y Latinoamérica para ayudar a otros a cambiar su destino eterno del infierno al cielo.

CAPÍTULO TRES
La Solución

> *Ojalá la historia de mi infracción de tráfico hubiese tenido una mejor solución. Me pusieron la multa de 100 dólares y me dijeron que la pagase. Mis padres no me la iban a pagar, y mi mejor amigo tampoco. Yo no tenía el dinero, así que tuve que ganármelo limpiando todos los excrementos de una granja de pollos. Me llevó 20 horas de duro (y apestoso) trabajo pagar toda la multa. ¡Cómo deseaba que hubiese llegado alguien y la hubiese pagado por mí!*

Las multas que debía por mi pecado eran infinitamente mayores que la de tráfico. Así que la solución que me ofreció Jesús fue infinitamente mayor también. Como Él sabía que yo nunca podría trabajar para pagar todo mi pecado, eligió pagarlo por mí. Eso es la gracia.

Ese es el mensaje de la Cruz, que nos ofrece una increíble solución para nuestro terrible problema y sus consecuencias.

Cuando nos miramos en el espejo de la perfecta Ley de Dios, nos quedamos sin palabras y nos sentimos llenos de culpa ante Él. Después, cuando nos enfrentamos a la eternidad, el temor de Dios viene sobre nosotros cuando nos damos cuenta de que la consecuencia de nuestro pecado es la muerte eterna.

Llegados a este punto, deberíamos estar desesperados por una solución y clamar: "¿Qué debo hacer para ser salvo?"[79].

En la tercera columna, Jesucristo nos ofrece el perdón por nuestro pecado y nos abre la puerta al cielo.

---

79 Hechos 16:30.

TERCERA COLUMNA
LA CRUZ DE CRISTO

"Porque de tal manera amó Dios al mundo que ha dado a su hijo unigénito" (Juan 3:16).

Cuando Dios envió a Jesús, le envió para sustituirte. Fue enviado a morir en tu lugar. Se convirtió en: "El Cordero de Dios, que quita el pecado del mundo"[80]. Murió para poder vestirte con Su justicia y que te puedas presentar ante Dios el Padre.

> Jesús conocía perfectamente tu problema y las terribles consecuencias que te esperaban. Por eso vino a salvarte.

Mediante Su muerte y Su resurrección, Jesús demostró que podía eliminar tu pecado y cambiar todas las malas noticias en buenas.

Anteriormente, echamos un vistazo no muy agradable a las siete enfermedades mortales que el pecado causa en nuestras vidas. Todas eran malas noticias. Ahora vamos a mirar la sustitución, es decir, las buenas noticias que son los siete regalos principales que Jesús consiguió para ti en la cruz.

---

80 Juan 1:29.

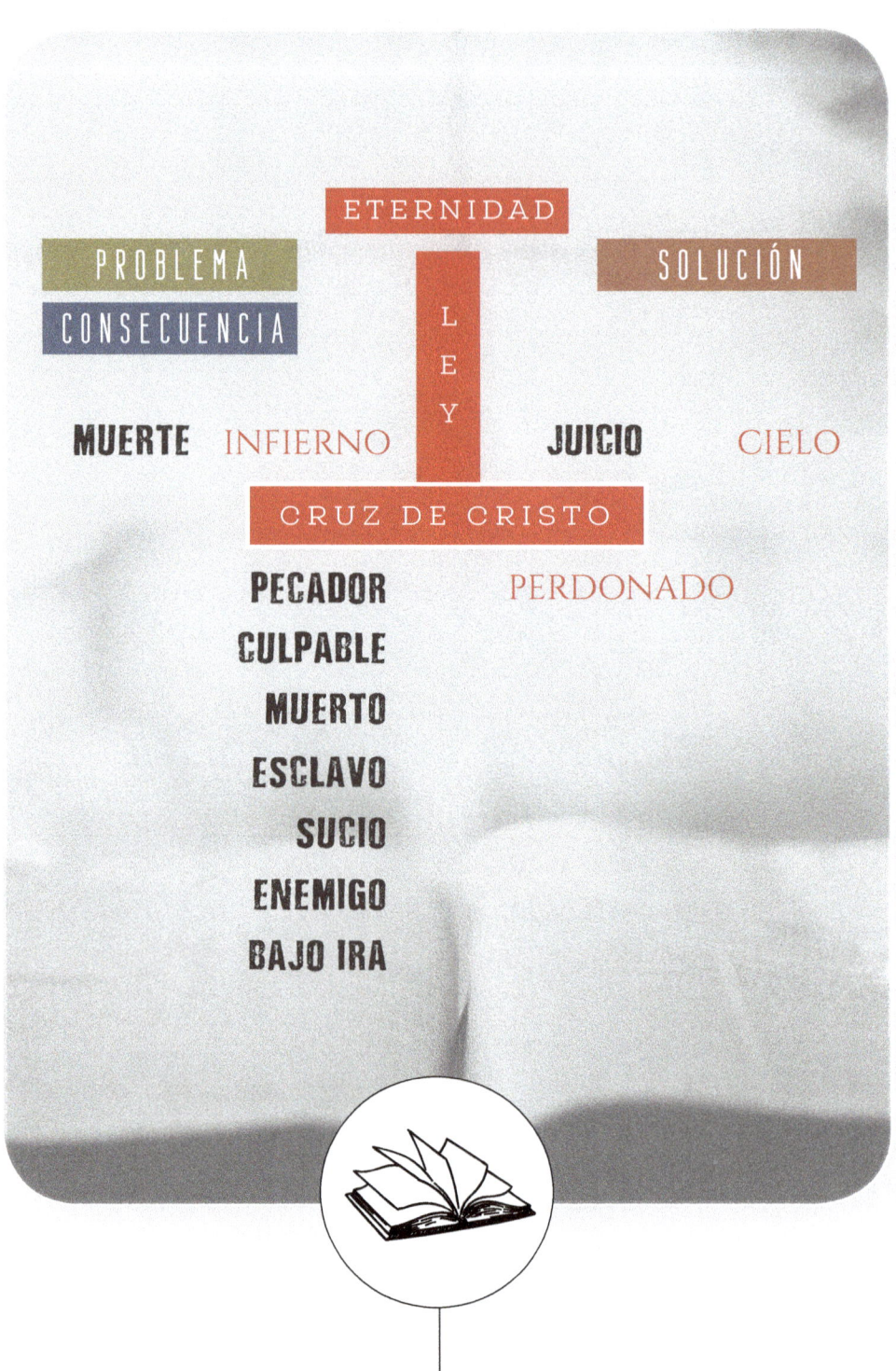

1. PERDONADO – JESÚS OCUPA TU LUGAR

> "Mas Dios muestra su amor para con nosotros, en que siendo aún pecadores, Cristo murió por nosotros" (Romanos 5:8).

Aquí hay cuatro cosas que Jesús sabe:

1. Todos los pecados que están escritos en el libro de tu vida.
2. Que la paga del pecado es muerte, el infierno y la ira de Dios.
3. Que en el Día del Juicio, se te va a pedir que pagues por tu propio pecado.
4. Que no tienes ninguna esperanza de salvarte a ti mismo, ¡a menos que encuentres un sustituto!

Ahora Jesús se ocupará de tu problema con el pecado. Así es como Él lo hace.

> "Al que no conoció pecado, por nosotros lo hizo pecado, para que nosotros fuésemos hechos justicia de Dios en él"[81].

En la cruz, Jesús echó el pecado de tu libro sobre sí mismo y fue "herido de Dios y abatido. Mas él herido fue por nuestras rebeliones, molido por nuestros pecados"[82].

Después, por medio de Su resurrección, demostró que tenía el poder de perdonar al pecador.

Jesús tomó tu pecado
para ofrecerte Su perdón.
¡Esa sí que es una buena noticia!

Sustitución. Uno ocupa el lugar de otro o hace lo que la otra persona no puede hacer por sí misma.

---

81 2 Corintios 5:21.
82 Isaías 53:4-5.

TESTIMONIO

De pequeña, Julie pensaba que era una de las niñas buenas. Pero cuando tenía solo 10 años, escuchó a alguien hablar sobre cómo Jesucristo había venido a salvar a los pecadores. Tuvo un breve atisbo de su propio corazón, y vio que estaba lleno de pecado por todas las mentiras que había contado, las muchas veces que había robado a su hermana y su orgullo al pensar que era mucho mejor que todos los demás. Ese día cayó de rodillas y dijo: "Jesús, viniste a salvar a los pecadores. Yo soy pecadora. ¡Perdóname y cámbiame!". Cuando se levantó, algo había cambiado en su interior. Sabía que Jesús la había perdonado. Desde aquel día, Julie vivió para seguir a aquel que había pagado por todo su pecado.

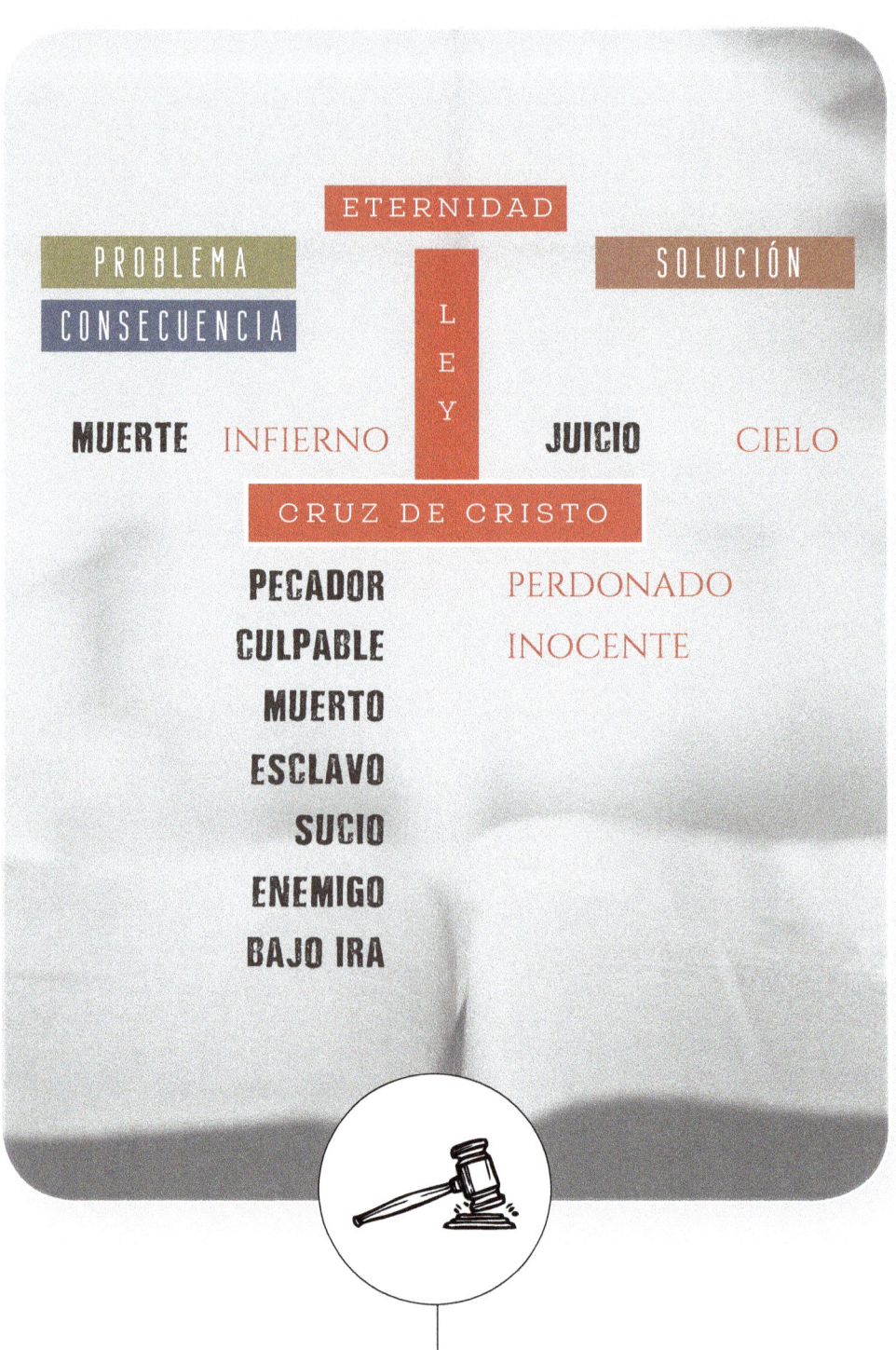

2. INOCENTE – JESÚS TE JUSTIFICA

> "Justificados, pues, por la fe, tenemos paz para con Dios por medio de nuestro Señor Jesucristo" (Romanos 5:1).

Aquí hay tres cosas que Jesús sabe:

1. El número de veces que has quebrantado Su Ley.
2. Que tu veredicto en el Día del Juicio será de culpabilidad.
3. Que no tienes ninguna posibilidad de borrar tu propia culpa, ¡a menos que encuentres un sustituto!

Jesús coge voluntariamente tu pecado y tu culpa, y en la cruz recibe el veredicto de culpabilidad. Él paga el precio de tu culpa y te ofrece Su justicia.

El inocente por el culpable. Jesús se lleva tu culpa para poder darte Su inocencia. ¡Esa sí que es una buena noticia!

Justificación. Es la respuesta de Dios a la fe genuina en la que, simultáneamente, perdona nuestro pecado, declara nuestro estatus legal como "completamente libre de pecado", y nos atribuye el mérito de la vida recta que vivió Jesús.

TESTIMONIO

Juan Carlos suponía que entraría en el cielo porque se consideraba a sí mismo una buena persona. Un día se sorprendió cuando, al mirar los Diez Mandamientos de Dios, vio que era culpable de robar cosas que no le pertenecían, de tener pensamientos lujuriosos mientras consumía pornografía y de sentir odio hacia personas que le habían ofendido. El peso de aquella culpa era demasiado grande para él. Cuando un amigo le dijo que Jesús murió para pagar por su pecado, Juan Carlos le pidió a Jesucristo que le perdonase por su pecado y se llevase toda su culpa. Se sintió sorprendido y agradecido cuando el peso de su pecado desapareció, ¡borrado por el perdón de Jesús!

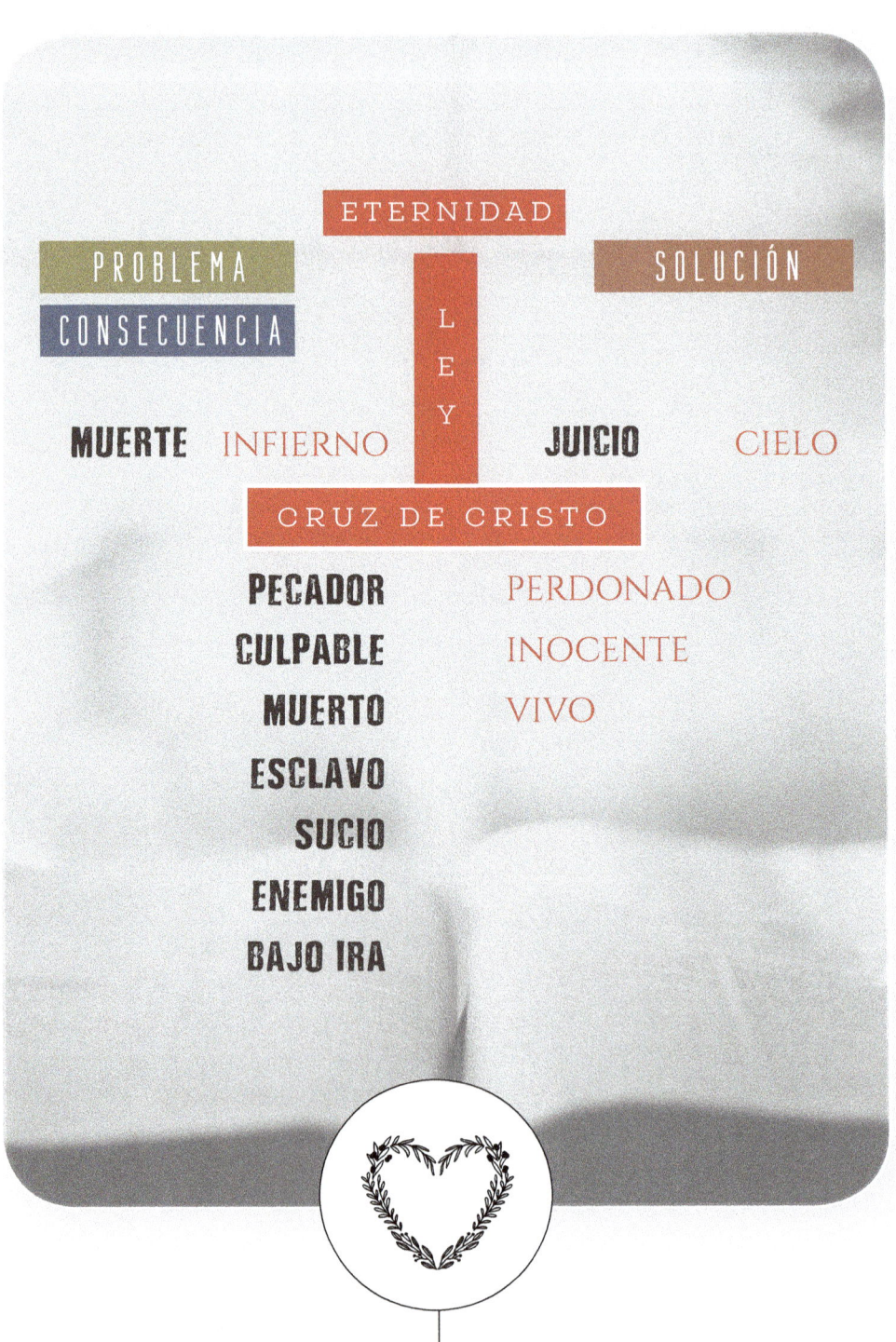

3. VIVO – JESÚS TE REGENERA

> "Pero Dios, que es rico en misericordia, por su gran amor con que nos amó, aun estando nosotros muertos en pecados, nos dio vida juntamente con Cristo (por gracia sois salvos)" (Efesios 2:4-5).

Aquí hay seis cosas que Jesús sabe:

1. Que estás espiritualmente muerto a causa de tu pecado.
2. Que tu naturaleza pecaminosa gobierna tu vida.
3. Que no tienes deseo de vivir en santidad.
4. Que sientes que tu vida está vacía y no tiene valor.
5. Que en el Día del Juicio experimentarás la segunda muerte, el lago de fuego.
6. Que no tienes absolutamente ninguna esperanza de levantarte a ti mismo de los muertos, ¡a menos que encuentres un sustituto!

Jesús vino para que tengas vida[83]. Cuando fue clavado en la cruz, cargó con la pena por tu pecado, es decir, la muerte.

> "Jesús, coronado de gloria y de honra, a causa del padecimiento de la muerte, para que por la gracia de Dios gustase la muerte por todos"[84].

Jesús conquistó la muerte y tiene el poder de infundirte Su vida y Su naturaleza divina.

El vivo por el muerto. Jesús se llevó tu muerte para poder darte Su vida. ¡Esa es una buena noticia!

Regeneración. Es la infusión de la naturaleza divina de Dios que trae una vida espiritual nueva y es confirmada por el fruto genuino.

---

[83] Juan 10:10.
[84] Hebreos 2:9.

TESTIMONIO

Yo (Jacob) crecí en la iglesia, así que tenía conocimiento de Dios. A pesar de que había hecho la oración del pecador en repetidas ocasiones, nada había cambiado nunca en mi vida. Los domingos era un santo, y entre semana era un diablo. En un campamento cristiano de jóvenes el Espíritu Santo me mostró mi pecado: mi impureza sexual, las mentiras a mis padres, mi egoísmo y una larga lista de cosas. En ese momento supe que me iba al infierno. Clamé a Jesús para que me salvara, y me entregué por completo a Él. Inmediatamente sentí la infusión de Su Espíritu. Fue como meter una bolsa de té en agua caliente y el té impregnase toda el agua. Cuando el Espíritu Santo me llenó, ¡todo cambió! Nací de nuevo. Jesús me regeneró.

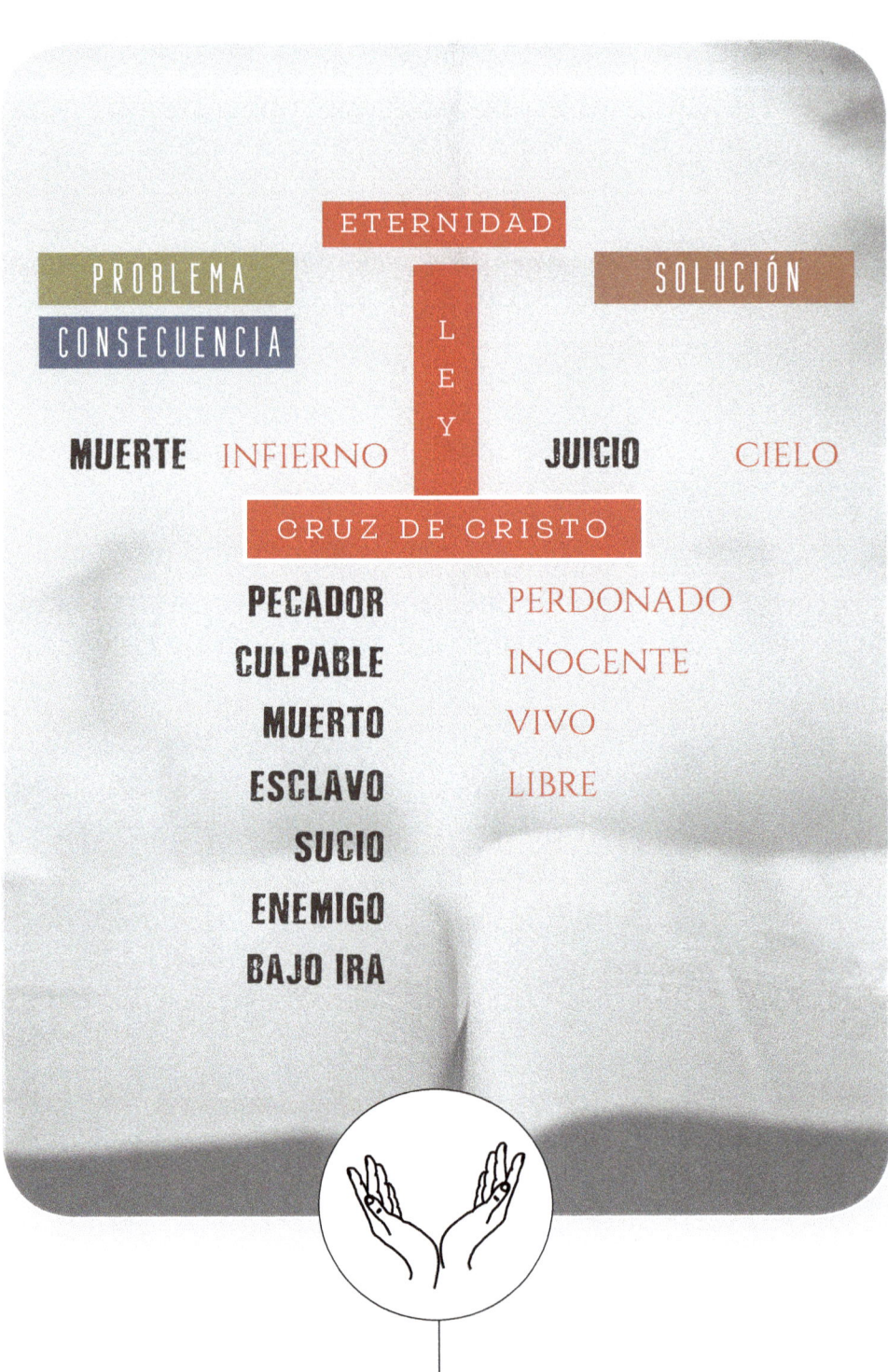

4. LIBRE – JESÚS TE REDIME

> "Nos ha librado de la potestad de las tinieblas, y trasladado al reino de su amado Hijo, en quien tenemos redención por su sangre, el perdón de pecados" (Colosenses 1:13-14).

Aquí hay cuatro cosas que Jesús sabe:

1. Que te has entregado al pecado.
2. Que eres esclavo de pecados que son más fuertes que tú.
3. Que en el Día del Juicio aparecerás ante Dios subyugado por el pecado.
4. Que no tienes ninguna esperanza de poder liberarte, ¡a menos que encuentres un sustituto!

Te fue dada la Ley de Dios para obedecerla, pero en vez de eso obedeciste la concupiscencia de tu propia carne. Elegiste tu propia voluntad en vez de la Suya. Por lo tanto, te volviste esclavo del pecado.

Jesús también sabía que si te liberaba, serías verdaderamente libre[85]. Así que, para conseguir tu libertad pagó el precio por tu pecado. Pagó con Su vida. Su vida por la tuya.

El hombre libre, por el esclavo. Jesús tomó tu esclavitud al pecado para ofrecerte Su libertad. ¡Esa sí que es una buena noticia!

Redención. La adquisición de algo que se había perdido mediante el pago de un rescate.

---

85 Juan 8:36.

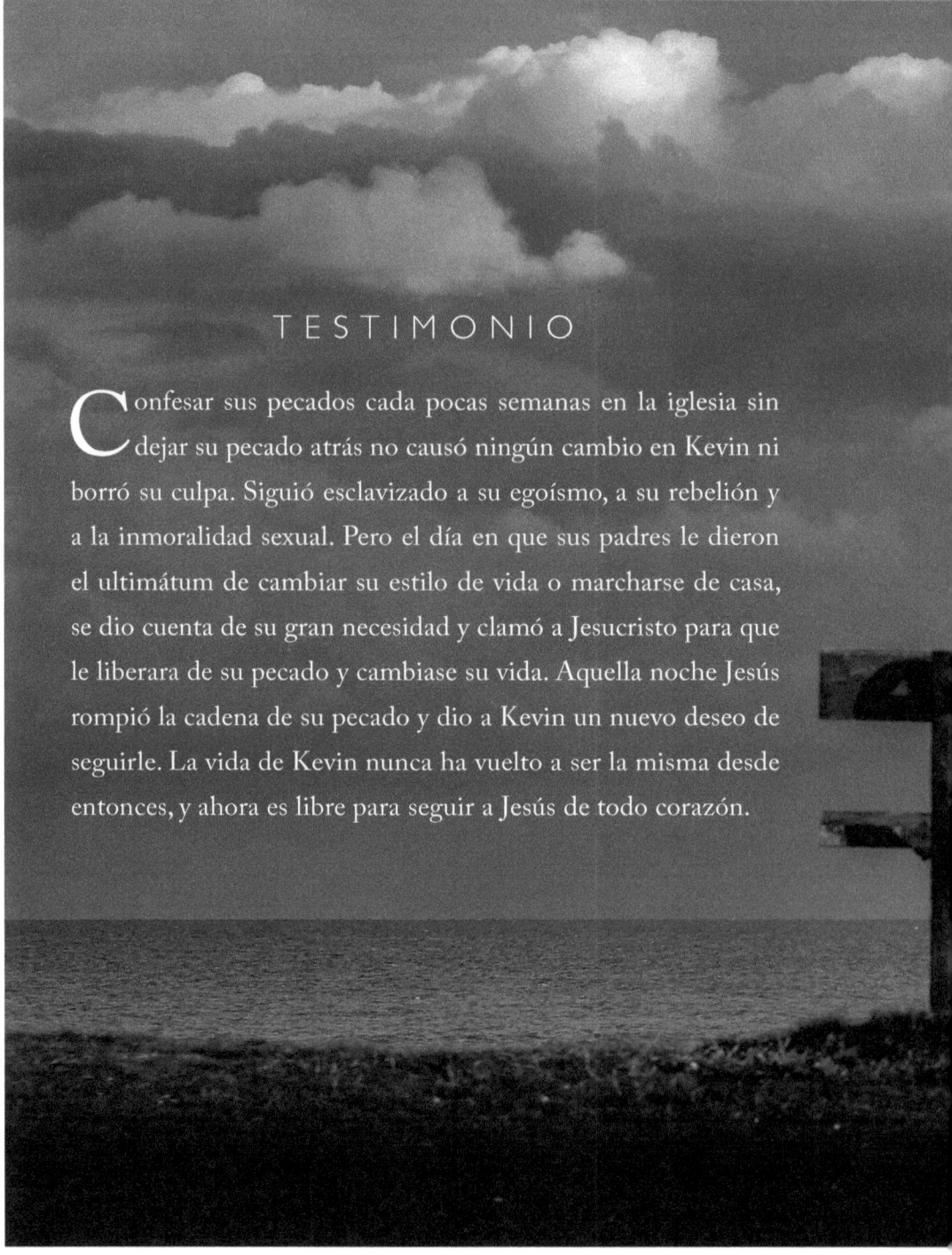

TESTIMONIO

Confesar sus pecados cada pocas semanas en la iglesia sin dejar su pecado atrás no causó ningún cambio en Kevin ni borró su culpa. Siguió esclavizado a su egoísmo, a su rebelión y a la inmoralidad sexual. Pero el día en que sus padres le dieron el ultimátum de cambiar su estilo de vida o marcharse de casa, se dio cuenta de su gran necesidad y clamó a Jesucristo para que le liberara de su pecado y cambiase su vida. Aquella noche Jesús rompió la cadena de su pecado y dio a Kevin un nuevo deseo de seguirle. La vida de Kevin nunca ha vuelto a ser la misma desde entonces, y ahora es libre para seguir a Jesús de todo corazón.

CAPÍTULO TRES: LA SOLUCIÓN

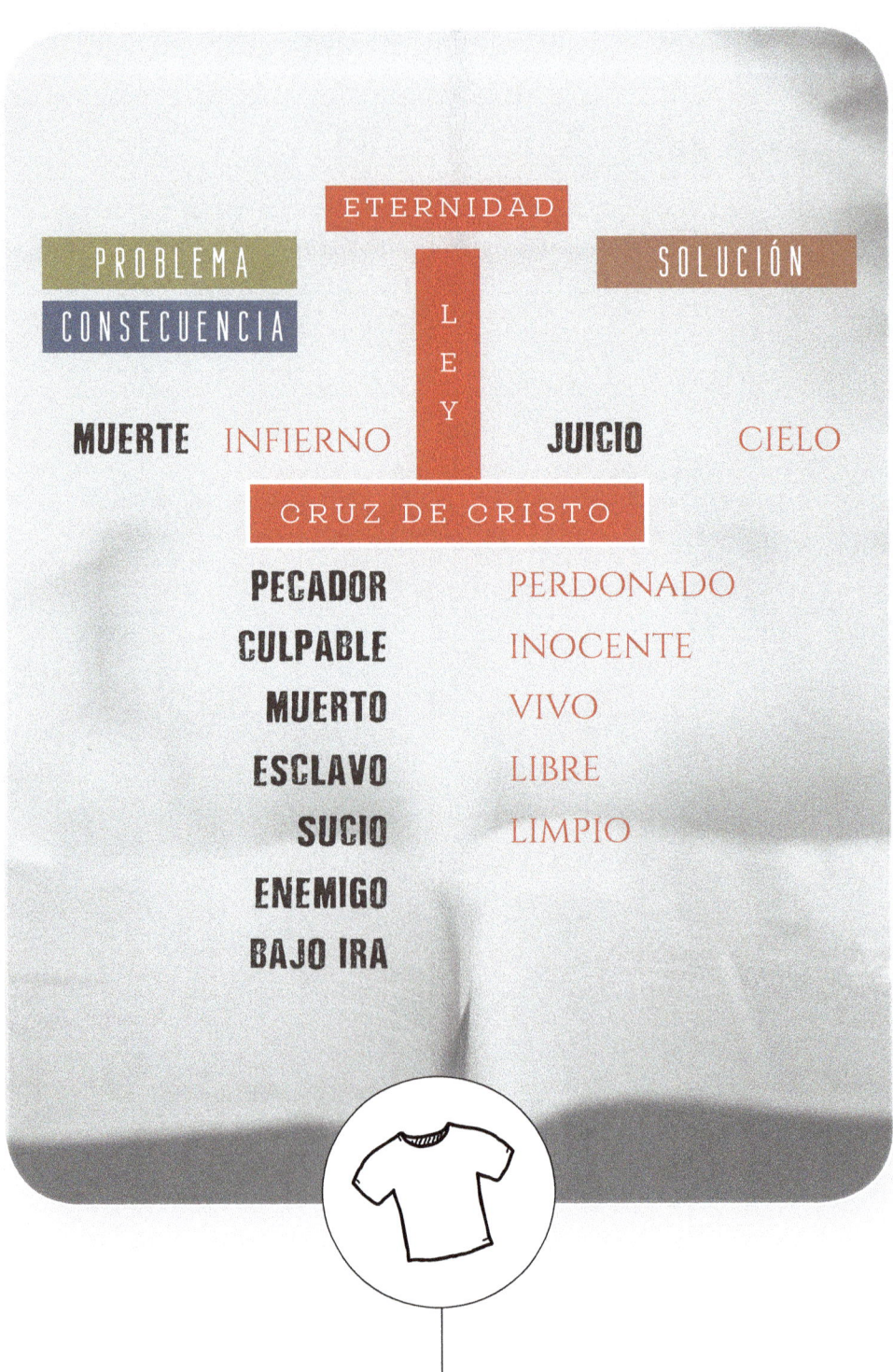

5. LIMPIO – JESÚS TE SANTIFICA

> "Mas ahora que habéis sido libertados del pecado y hechos siervos de Dios, tenéis por vuestro fruto la santificación, y como fin, la vida eterna"
> (Romanos 6:22).

Aquí hay seis cosas que Jesús sabe:

1. Que tu conciencia está manchada de pecado.
2. Que te parece imposible vivir en santidad (separado del mundo y apartado para Dios).
3. Que tu carácter refleja más la imagen del pecado que la imagen de Cristo.
4. Que tu justicia es como trapos de inmundicia ante Él.
5. Que en el Día del Juicio, te presentarás ante Dios cubierto con la inmundicia de tu pecado.
6. Que no tienes ninguna esperanza de borrar la mancha del pecado por ti mismo, ¡a menos que encuentres un sustituto!

Jesús llevó tu impureza, inmundicia, egoísmo y todo tu pecado sobre Sí mismo cuando murió. Y lo que consiguió fue tu santificación.

> El limpio por el sucio. Jesús se llevó tu inmundicia para poder darte Su pureza. ¡Esa sí que es una buena noticia!

Santificación. La santificación tuvo lugar en el instante en que Dios (1) nos apartó en la conversión, cuando (2) comenzamos el proceso que duraría toda una vida de intentar vivir en santidad hasta que (3) nuestra completa santificación se haga efectiva por completo cuando Cristo vuelva.

TESTIMONIO

Cinthia estaba activa en su iglesia, se graduó en la Escuela Bíblica e incluso se involucró en el evangelismo en la calle. Pero un día, cuando asistía a un taller de evangelismo que detallaba nuestro problema con el pecado y por qué era necesario que Jesús muriera en la cruz, una fuerte convicción de pecado cayó sobre ella. Duró dos meses, y durante ese tiempo tuvo una visión de ella misma inmersa en la inmundicia de su orgullo y su engaño. Entonces una mano la alcanzó en aquella inmundicia, la sacó, le lavó el lodo y el fango, y la limpió. Eso la llevó a un profundo arrepentimiento de todo su pecado, y se sintió llena de gratitud hacia Jesús por Su perdón. Su encuentro con Jesús la llevó a compartir apasionadamente el evangelio con los demás para que también pudieran experimentar la purificación y el perdón de Jesús.

CAPÍTULO TRES: LA SOLUCIÓN

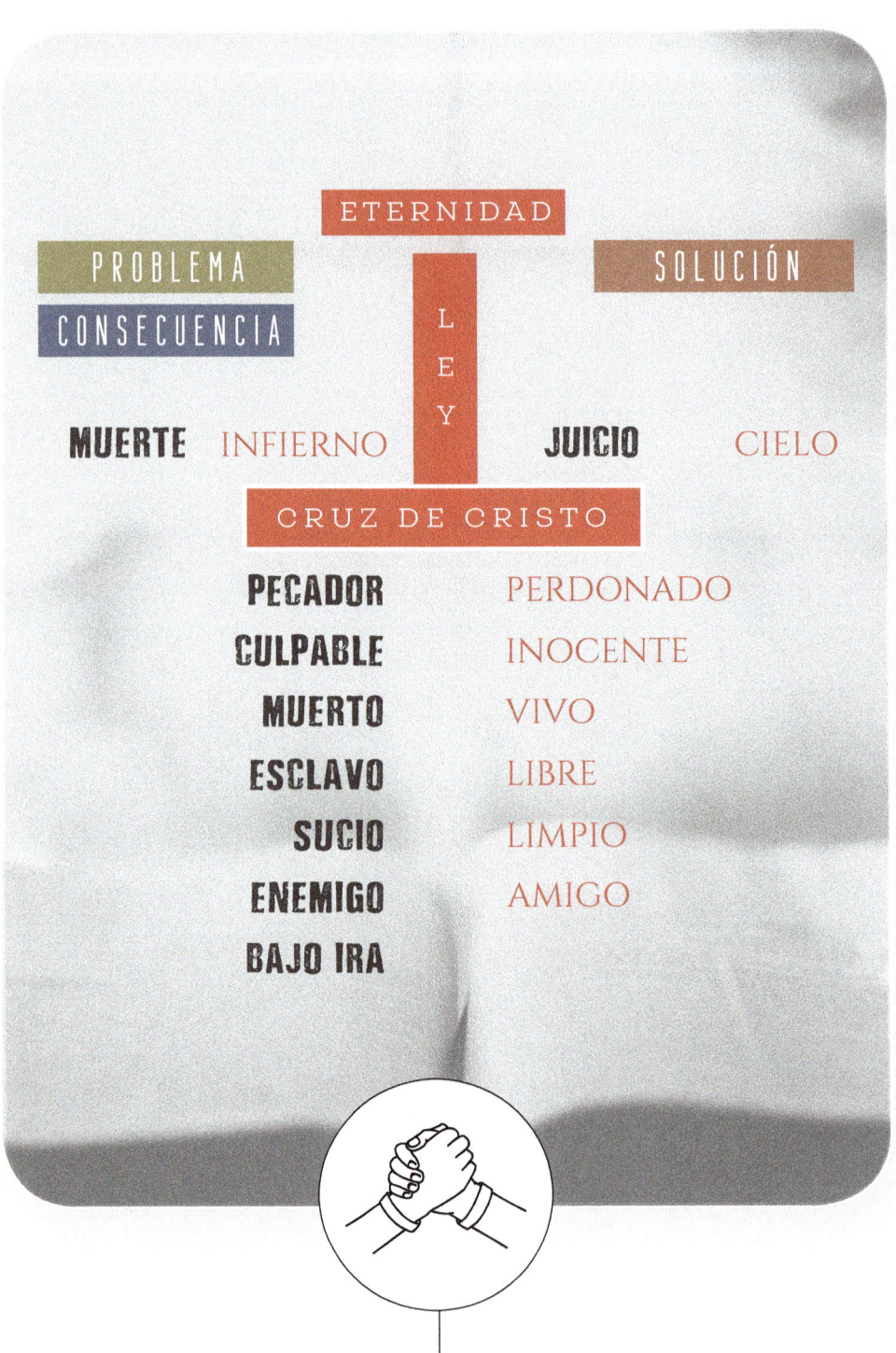

6. AMIGO – JESÚS TE RECONCILIA

> "Porque si siendo enemigos, fuimos reconciliados con Dios por la muerte de su Hijo, mucho más, estando reconciliados, seremos salvos por su vida" (Romanos 5:10).

Aquí hay cinco cosas que Jesús sabe:

1. Que cuando Dios te dio Su Ley, decidiste desobedecer.
2. Que al ser amigo del mundo, te haces enemigo de Dios.
3. Que cuando te presentes ante Dios en el Día del Juicio, serás considerado Su enemigo.
4. Que Sus enemigos serán expulsados de Su reino.
5. Que no hay esperanza, mediante tu propio esfuerzo, de reconciliación, ¡a menos que encuentres un sustituto!

Jesús quiere reconciliarte con Dios. La única manera de que esto ocurra es que Él cargue con la rebelión del interior de tu corazón, que cargue con tu pecado y que muera en tu lugar. Jesús se convirtió en enemigo de Dios cuando cargó con todo tu pecado en la cruz y el Padre le volvió la espalda. Ahí fue cuando Jesús dijo: "Dios mío, Dios mío, ¿por qué me has desamparado?"[86]. Jesús se convirtió en el enemigo de Dios para que tú pudieras convertirte en Su amigo.

El amigo muere por el enemigo. ¡Esa sí que es una buena noticia!

Reconciliación. Jesús quita el pecado y el odio que nos separan de Dios y construye un puente para que nuestra relación continúe por toda la eternidad.

---

86 Marcos 15:34.

TESTIMONIO

Arnold creció en Berlín, Alemania, en los tiempos en los que un muro impenetrable separaba la Alemania del Este de la Alemania del Oeste. La nación, la ciudad e innumerables familias fueron separadas por el muro hasta que finalmente cayó en 1989, uniendo el país de nuevo. Mientras crecía en la iglesia, Arnold sabía que su pecado era como un muro que le separaba de Dios, e intentó con fuerza librarse de la barrera del pecado. Repitió la oración del pecador, se bautizó, asistió a todas las reuniones de la iglesia que pudo y confesó su pecado, pero todavía se sentía lejos de Dios. Un día oró: "Dios, no siento que me ames y no he experimentado tu perdón. Si la Cruz tiene algo que ver conmigo, por favor, muéstramelo". Y Dios hizo justo eso. Solo unos meses más tarde, durante la Santa Cena, Arnold finalmente entendió que Jesucristo ocupó su lugar en la cruz y fue castigado por su pecado. Eligió confiar plenamente en lo que Jesús había hecho, se volvió a Él y le volvió la espalda al pecado. Aquel día Dios derribó el muro de separación, y la vida de Arnold cambió de forma radical.

CAPÍTULO TRES: LA SOLUCIÓN

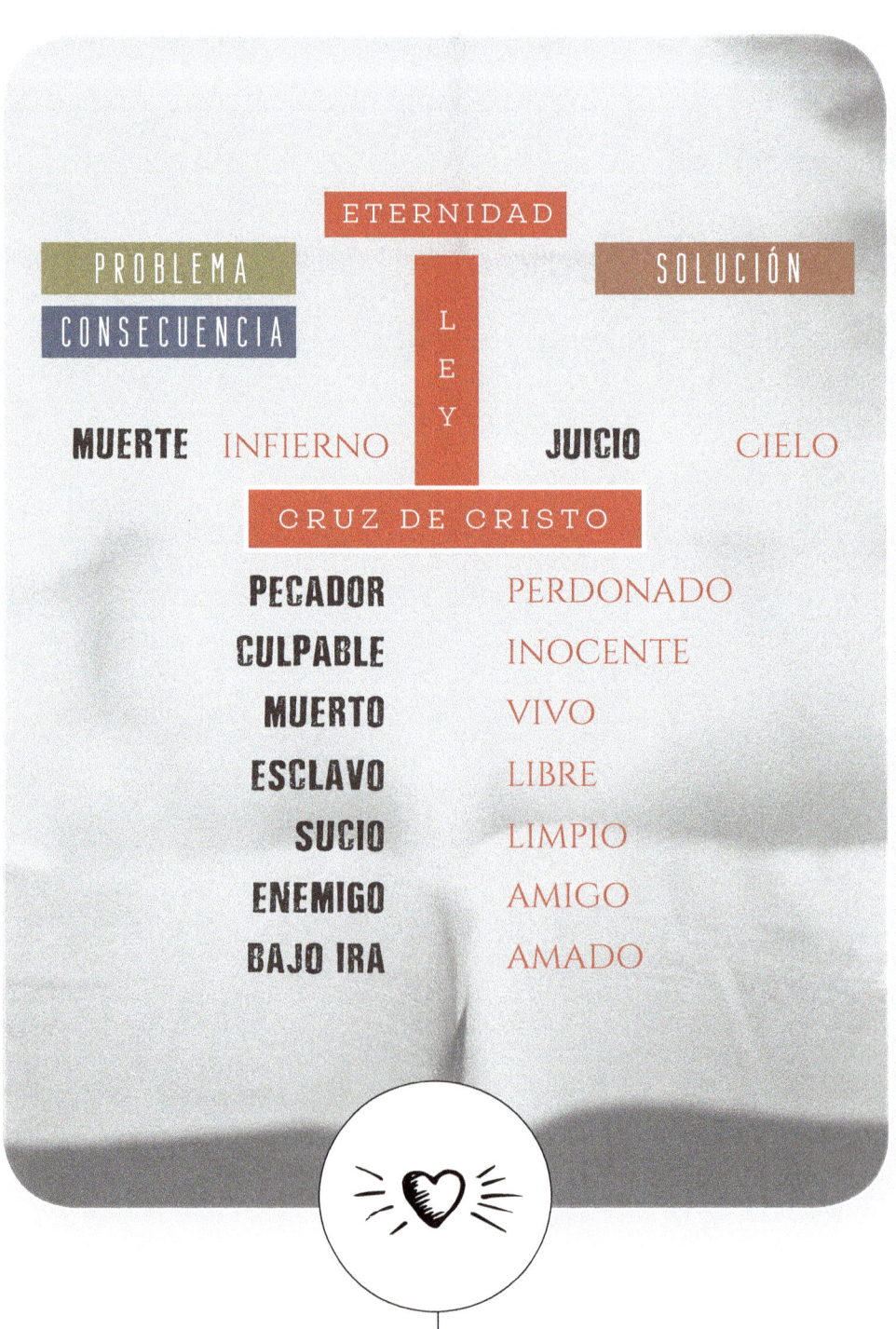

7. AMADO – JESÚS ES TU PROPICIACIÓN

> "En esto consiste el amor: no en que nosotros hayamos amado a Dios, sino en que él nos amó a nosotros, y envió a su Hijo en propiciación por nuestros pecados" (1 Juan 4:10).

Aquí hay cinco cosas que Jesús sabe:

1. Que la ira de Dios está dirigida al pecado.
2. Que tú estás lleno de pecado.
3. Que la ira de Dios está sobre ti.
4. Que en el Día del Juicio serás considerado un hijo de ira.
5. Que no hay ninguna esperanza para ti de que puedas eliminar la ira de Dios por tus propias fuerzas, ¡a menos que encuentres un sustituto!

Fíjate en Jesús en el Jardín de Getsemaní la noche anterior a la cruz. Él sabía que tenía que beber de la copa de la ira de Dios por los pecados que tú cometiste. Pide que desaparezca, pero después somete Su voluntad a la voluntad de Dios, por amor a Dios y por amor a ti.

> La cruz es una reorientación de la ira de Dios. La ira de Dios apunta directamente hacia ti, y Jesús te dice que te refugies tras la cruz. Luego pone tu pecado sobre sí mismo y soporta la ira de Dios por ti.

Jesús recibió la ira que tú merecías para que pudieses recibir el amor de Dios. ¡Esa sí que es una buena noticia!

Propiciación. Jesús se convirtió en el objetivo de la ira de Dios en la cruz para satisfacer la justicia de Dios y que así Su ira se apartara de nosotros.

TESTIMONIO

Cuando era adolescente, Shirley desobedeció el toque de queda que su madre le había puesto y llegó a casa muy tarde a afrontar las consecuencias de su desobediencia. Cuando su hermano mayor vio que estaban a punto de castigarla, se puso en medio de ella y de las inminentes consecuencias y dijo: "¡Por favor, no la castigues! ¡Castígame a mí en vez de a ella!". Años más tarde, cuando Shirley se dio cuenta de que también había desobedecido a un Dios santo y merecía Su justo castigo, entendió que, cuando Jesús murió en la cruz, se puso entre ella y la justa ira de Dios y recibió el castigo que ella merecía para que pudiese recibir el perdón de Dios. Shirley estaba agradecida por lo que su hermano había hecho por ella años antes, pero está agradecida eternamente por lo que Jesús ha hecho por ella.

LA RESURRECCIÓN

Es de gran importancia que al explicar el mensaje de la Cruz, expliques la relevancia de la resurrección.

"Y con gran poder los apóstoles daban testimonio de la resurrección del Señor Jesús, y abundante gracia era sobre todos ellos"[87]. De hecho, casi todos sus mensajes incluían la resurrección.

Jesús instaba a Sus oyentes a creer todo lo que Él enseñaba. Les dijo que se fijaran en los milagros para que se convencieran de que Él era de Dios y todo lo que decía era verdad. Finalmente, dijo que demostraría que venía de Dios y que hablaba de Su parte. Dijo: "Destruid este templo". En otras palabras: "Matadme"[88]. Prometió que Su Padre le levantaría de los muertos, demostrando así la validez de Su mensaje. La resurrección es prueba de que todo lo que Jesús enseñó es cierto.

> La resurrección es prueba de que la muerte de Jesús en la cruz era suficiente para satisfacer la justicia de Dios.

Pero aún más significativo, la resurrección es prueba de que la muerte de Jesús en la cruz era suficiente para satisfacer la justicia de Dios y saldar la deuda de nuestro pecado.

"El cual fue entregado por nuestras transgresiones, y resucitado para nuestra justificación"[89]. La resurrección de Jesús es la prueba de que nuestra deuda fue pagada al completo y de que Dios aceptó Su sacrificio en nuestro lugar.

A causa de Su resurrección nosotros podemos nacer de nuevo. A causa de que Cristo se levantó de la muerte, nuestra fe no es vana, y ya no estamos en nuestros pecados[90].

---

87 Hechos 4:33.
88 Juan 2:19.
89 Romanos 4:25.
90 I Corintios 15:17.

REPASO

El Poder De La Cruz

En la predicación o en el compartir el mensaje de la Cruz es donde reside gran parte del poder del evangelio. Fíjate en la palabra poder en estos versículos.

"Porque no me avergüenzo del evangelio, porque es **poder** de Dios para salvación a todo aquel que cree"[91].

"Porque la palabra de la cruz es locura a los que se pierden; pero a los que se salvan, esto es, a nosotros, es **poder** de Dios"[92].

"Pero nosotros predicamos a Cristo crucificado, para los judíos ciertamente tropezadero, y para los gentiles locura; mas para los llamados, así judíos como griegos, Cristo **poder** de Dios, y sabiduría de Dios"[93].

¿Por Qué El Mensaje De La Cruz Es Tan Poderoso?

1. Agrada a Dios. La obra de Jesús en la cruz y la proclamación del mensaje es la única forma que tiene Dios de salvar a aquellos que creen[94].

2. Promueve la fe. La fe viene por el oír, que a su vez permite a la gente creer, invocar el nombre del Señor y ser salva[95].

3. Jesús está en acción. Él es el que atrae al pecador hacia sí. "Y yo, si fuere levantado de la tierra, a todos atraeré a mí mismo"[96].

4. Lleva a la salvación. Jesús es el único camino al Padre, y no hay otro nombre bajo el cielo dado a los hombres en que podamos ser salvos[97].

---

[91] Romanos 1:16.
[92] I Corintios 1:18.
[93] I Corintios 1:23-24.
[94] I Corintios 1:21.
[95] Romanos 10:13.
[96] Juan 12:32.
[97] Juan 14:6; Hechos 4:12.

COMENTARIOS FINALES

La solución que Dios te ofreció mediante la Cruz es increíble y extraordinaria. Sin embargo, a pesar de lo buenas que son estas noticias, solo se pueden aplicar a tu vida mediante la cuarta columna. Ninguna de estas buenas noticias es para ti sin la transformadora respuesta del arrepentimiento y la fe.

CAPÍTULO CUATRO
Nuestra Respuesta

En 1982, me enamoré de una joven de 19 años llamada Julie Gleason. La conocí en la Escuela Bíblica, y lo que más deseaba era casarme y pasar el resto de mi vida con ella. Le dije que renunciaría a los otros tres mil millones de mujeres del mundo si decía "Sí quiero". No tenía dinero ni posesiones, pero podía ofrecerle toda una vida de misiones. Me podía ofrecer a mí mismo.

Llegó el día en que le iba a pedir la mano en matrimonio. Estaba tan nervioso que me salió un montón de desagradable acné y llagas en la boca. Aquella noche hinqué una rodilla y dije: "Este es el momento que he estado esperando. Julie Gleason, ¿te quieres casar conmigo?". Fin de la historia.

¡Espera! ¿Y qué contestó? No hay boda sin un "Sí quiero". No hay matrimonio sin Julie respondiendo "Sí".

Dijo que sí.

Tienes que decirle "sí" a Jesús. Tienes que responder a lo que Él ha hecho por ti.

1. En la primera columna te diste cuenta de tu problema cuando la Ley demostró tu culpa en cuanto al pecado ante Dios.
2. En la segunda columna, el temor de Dios viene sobre ti al darte cuenta de que la consecuencia de tu pecado es la muerte eterna.
3. En la tercera columna, cuando estás sin esperanza y sin Dios en este mundo[98], llega Jesús, provee una solución a tu problema por medio de la cruz, y te da la esperanza de tener vida eterna.
4. La cuarta columna explica cómo responder al ofrecimiento de Cristo de perdonarte.

La esperanza de la vida eterna es absolutamente asombrosa; sin embargo, solo es una esperanza. Sigue siendo solo un ofrecimiento hasta que el pecador responde al mensaje.

---

98 Efesios 2:12.

Muchísimas personas saben con certeza que son pecadoras y que Dios las ama "y murió en la cruz por sus pecados", y sin embargo, sus nombres no están escritos en el libro de la vida. En el Día del Juicio oirán la terrible sentencia: "Apartaos de mí, hacedores de maldad"[99].

¿Por qué? Porque para ellos solo es información. Son religiosos, pero no son hijos de Dios. Le honran con sus labios, pero su corazón está lejos de Él[100]. Dicen "Señor, Señor", pero no hacen lo que Él dice[101]. Hay mucha gente en esta situación. No han respondido al evangelio de la manera que Dios manda.

---

99 Mateo 7:23.
100 Mateo 15:8.
101 Lucas 6:46.

CUARTA COLUMNA
ARREPENTIMIENTO Y FE

"Pero Dios [...] ahora manda a todos los hombres en todo lugar, que se arrepientan; por cuanto ha establecido un día en el cual juzgará al mundo con justicia, por aquel varón a quien designó..." (Hechos 17:30-31).

1. CRUZANDO LA CRUZ

Hay un montón de malas noticias en el lado izquierdo de la cruz, y la misma cantidad de buenas noticias en el lado derecho. ¿Cómo se "cruza la cruz"?

Debes responder favorablemente a lo que Jesús ha hecho por ti. Para recibir las buenas noticias del evangelio, debes arrepentirte y creer.

"El tiempo se ha cumplido, y el reino de Dios se ha acercado; arrepentíos, y creed en el evangelio"[102].

Ten cuidado con la respuesta equivocada.

NO somos salvos por ir a la iglesia, bautizarnos o dar clase en la Escuela Dominical. No es suficiente intentar ser una buena persona o esforzarse mucho en seguir los Diez Mandamientos. Tu nombre no va a aparecer escrito en el libro de la vida porque repitas una oración de fe o porque "aceptes a Jesús". Eso no es suficiente.

Muchos han puesto su fe en estas cosas y, al final, serán echados de la presencia de Dios.

Lo primero que Dios requiere es arrepentimiento.

---

102 Marcos 1:15.

2. ¿QUÉ ES EL ARREPENTIMIENTO?

Debes arrepentirte y convertirte a Dios si quieres que tus pecados sean borrados[103].

Arrepentimiento era una palabra común en el griego de los tiempos de Jesús. Sin embargo, no empezó siendo una palabra religiosa.

Digamos que un hombre va camino a Jerusalén, pero en el camino se pierde. Se acerca a alguien y le pregunta si está en el camino que va a Jerusalén. El hombre le responde que no y que, de hecho, va en dirección contraria. "Oiga, tiene que arrepentirse y tomar esa dirección si quiere llegar a Jerusalén".

El arrepentimiento es la certeza de que vas por el camino ancho que lleva a la destrucción. Por lo tanto, "cambias de opinión" en cuanto a seguir en ese camino. Te das la vuelta y comienzas a caminar por el camino estrecho que lleva a la vida.

3. EL PODER DEL ESPÍRITU SANTO

Hasta este punto, el poder del Espíritu Santo ha estado extremadamente activo a través de las tres primeras columnas.

1. El Espíritu Santo te convence de tu pecado.
2. El Espíritu Santo te convence del juicio que está por venir.
3. El Espíritu Santo revela a Cristo y Su obra en la cruz por ti.
4. Ahora Dios te concede el arrepentimiento

4. ¿CÓMO ME ARREPIENTO?

El arrepentimiento es un cambio de forma de pensar, de actitud y de forma de actuar hacia Dios y hacia el pecado.

---

103 Hechos 3:19.

a) Cambio de Forma de Pensar (Tu Mente)

Cuando te arrepientes, te pones de acuerdo con Dios y dices: "Dios tiene razón y yo no". Eso es lo que significa la confesión. Ves el pecado como Dios lo ve, sobremanera pecaminoso[104].

Imagínate que alguien te ofrece un trozo de tarta de chocolate que ha sido hecha con los mejores de estos ingredientes: harina, azúcar, huevos y mantequilla. Pero luego te dice que a la masa también se le ha añadido un poquito de caca de perro. ¿Te la comerías? ¡Pues claro que no, porque la caca de perro es súper asquerosa! Esa es una versión suave de cómo ve Dios la lujuria, la envidia, el orgullo y la inmoralidad, ¡lo ve súper asqueroso![105]. Una vez que ves el pecado como lo ve Dios, puedes decir lo mismo que el salmista David después de ser confrontado por su pecado: "Contra ti solo he pecado, y he hecho lo malo delante de tus ojos"[106].

b) Cambio de Actitud (Tus Emociones)

El verdadero arrepentimiento cambia cómo te sientes en cuanto a tu pecado. No solo te sientes mal porque te han pillado pecando. En lugar de eso, te sientes profundamente triste por lo que has hecho y por ofender profundamente a un Dios santo. Tienes un deseo sincero de cambiar y hacer las paces con Dios.

c) Cambio de Comportamiento (Tu Voluntad)

El arrepentimiento implica tomar la decisión de alejarte de tu pecado y volverte a Dios.

Madrid tiene un sistema de transporte público de metro y tren excelente. Pero a veces puedes cometer el error de subirte a un tren que no va en la dirección que tú quieres. Cuando te das cuenta de que vas en la dirección

---

104 Romanos 7:13.
105 Prevost, K. *Apunta al Corazón*, Madrid: ONTHEREDBOX, pp. 7-8.
106 Salmo 51:4.

equivocada, tienes que tomar la decisión de bajarte del tren, cambiar de lado y subirte en el tren correcto, que te llevará donde quieres ir.

Con tu vida tienes que tomar la misma decisión. Cuando te das cuenta de que tu pecado te está llevando por el camino equivocado, tienes que decidir dejar de ir en esa dirección, abandonar tu pecado, darte la vuelta y empezar a seguir a Jesús. Si no tomas esa decisión, acabarás en el destino equivocado.

El Arrepentimiento Es un Mandamiento

"Pero Dios […] ahora manda a todos los hombres en todo lugar, que se arrepientan"[107]. No se trata solo de "aceptar a Cristo". Es Cristo el que tiene que aceptarnos a nosotros, y eso solo puede tener lugar mediante el arrepentimiento.

5. ¿QUÉ ES LA FE?

Muchos están confundidos en cuanto a lo que significa poner tu "fe, confianza o convicción" en Jesús.

Lo Que la Fe salvadora NO es:

1. NO es solamente consentimiento intelectual. Los demonios "creen", pero no son salvos[108]. Hay mucha gente religiosa que solo tiene una convicción intelectual sobre Dios, y no es salva.

2. NO es algo sin fundamento. El diccionario secular Merriam-Webster 2017 define la fe como: "una firme creencia en algo sin evidencia". La sociedad moderna entiende la fe como algo a lo que le falta fundamento o como "fe ciega". ¡Pero la verdadera fe tiene un fundamento muy firme!

---

107 Hechos 17:30.
108 Santiago 2:19.

Lo que la Fe salvadora SÍ es:

1. Rendirse a Jesús. Izas la bandera blanca, depones las armas, dejas de luchar contra Dios y Su voluntad y te rindes a Él. Básicamente dices "Me rindo", y reconoces Su autoridad sobre tu vida. Le das las llaves de tu vida y confías en que te lleve al mejor destino para ti.

2. Compromiso. En una ceremonia de boda, renuncias a todos tus anteriores amantes y le prometes tu amor a la otra persona durante el resto de tu vida. Cuando te comprometes con Jesús, renuncias a todo el pecado que una vez amaste y te comprometes a amar y a obedecer a Jesús durante el resto de tu vida. Le das tu corazón.

3. Dependencia. La fe bíblica es la total dependencia de Dios. La increíble historia de Charles Blondin, un francés famoso por caminar en la cuerda floja, es una maravillosa ilustración de esto.

El momento en el que Blondin alcanzó su mayor fama fue el 14 de septiembre de 1860, cuando se convirtió en la primera persona en cruzar una cuerda floja de más de 300 metros de largo a través de las imponentes Cataratas del Niágara. Gente tanto de Canadá como de América recorrió muchos kilómetros para ver esta gran hazaña.

Cruzó a casi 50 metros sobre las cataratas varias veces... cada vez con una proeza diferente: una vez en un saco, en zancos, en una bicicleta, en la oscuridad y con los ojos vendados. ¡En una ocasión llegó a llevar un fogón e hizo una tortilla en medio de la cuerda!

Se reunió allí una gran multitud y el sonido de la agitación recorrió ambos lados del río. La multitud aclamaba y contenía el aliento mientras Blondin caminaba cuidadosamente —un peligroso paso tras otro— empujando una carretilla en la que llevaba un saco de patatas.

¡Cuando llegó al otro lado, el aplauso de la multitud fue más fuerte que el rugido de las cataratas!

Blondin paró de repente y se dirigió a su audiencia: "¿Creen que puedo llevar a una persona hasta el otro lado en esta carretilla?".

La multitud gritó con entusiasmo: "¡Sí! Eres el mejor acróbata del mundo. ¡Sí creemos que puedes!".

"Vale", dijo Blondin, "¿Quién quiere meterse en la carretilla?".

Por lo que sabemos de la historia, ¡nadie se ofreció en aquel momento!

Esta historia tan especial es una ilustración de la vida real de lo que es en realidad la fe. La multitud observaba estas hazañas tan osadas. Decían que creían, pero sus acciones demostraban que realmente no creían lo suficiente como para confiarle sus vidas.

De manera similar, nosotros podemos decir que creemos en Dios. Sin embargo, tenemos fe verdadera cuando ponemos toda nuestra confianza en Su Hijo, Jesucristo.

Nota: En agosto de 1859, el mánager de Blondin, Harry Colcord, sí que cruzó las cataratas a espaldas de Blondin[109].

---

109 http://inspire21.com/stories/faithstories/CharlesBlondin

CAPÍTULO CUATRO: NUESTRA RESPUESTA 103

REPASO

El arrepentimiento y la fe son tu respuesta a la llamada de Jesús en la encrucijada de tu vida.

- Empiezas tu vida siguiendo el camino ancho que lleva al infierno.
- Llegas a una encrucijada y Jesús te invita a seguirle.
- Tienes que tomar la decisión de abandonar tu pecado, volverte y seguir a Jesús.
- Hay veces en las que tropiezas y te caes, pero no te quedas ahí. Te arrepientes, Jesús te levanta y continúas caminando con Él; no vuelves al ancho camino del pecado.

COMENTARIOS FINALES

¿Dónde reside el poder del arrepentimiento y la fe?

Cuando un pecador responde a Jesús con arrepentimiento y fe, hay…

1. Un nuevo nacimiento[110].
2. Una nueva criatura[111].
3. Salvación del pecado[112].
4. Vida eterna[113].
5. Regocijo en el cielo. "Hay gozo delante de los ángeles de Dios por un pecador que se arrepiente"[114]. Imagínate: con tan solo una persona que se arrepiente, ¡todo el cielo se goza! No conozco ningún otro hecho que tenga el poder de conmover al cielo como el arrepentimiento.
6. Un cruce de las malas noticias a las buenas. Mediante el arrepentimiento hacia Dios y la fe en Cristo, actúa el poder que te transporta del lado izquierdo de la cruz al lado derecho, ¡cambiando todas tus malas noticias en buenas noticias!

---

110 Juan 3:3.
111 2 Corintios 5:17.
112 Romanos 1:16.
113 1 Juan 5:11-12.
114 Lucas 15:10.

TESTIMONIO

Cuando era joven, Verónica se mudó a Madrid buscando a Dios. Una noche, estaba cruzando la plaza principal, la Puerta del Sol, y se sorprendió al oír a una mujer sobre una caja roja cantando con gozo sobre Jesucristo. Después un hombre empezó a contar una historia sobre un juez y cómo un día nos presentaríamos ante Dios para dar cuenta de nuestras vidas. A Verónica le sorprendió oír a alguien hablando sobre su propia vida y su propio pecado, y admitió que era culpable delante de Dios. Después alguien se le acercó y, con gracia y misericordia, le explicó cómo Jesús le proporcionaba la solución a su problema con el pecado mediante Su muerte en la cruz. El corazón de Verónica estaba preparado y, justo ahí en la plaza aquella noche, se arrepintió de su pecado y le rindió su vida a Jesús. Su nuevo amigo comenzó a hacer con ella un discipulado, ella empezó a estudiar en la Escuela Bíblica y pronto comenzó a compartir su nueva fe con los demás.

REPASO DE LAS CUATRO COLUMNAS DEL MENSAJE DEL EVANGELIO

La ley de Dios nos muestra las malas noticias: que somos pecaminosos, que somos culpables de quebrantar los mandamientos de Dios, que estamos espiritualmente muertos, que somos esclavos del pecado, que estamos sucios, que somos enemigos de Dios y que merecemos la ira de Dios.

La eternidad nos muestra las consecuencias terribles y eternas de nuestro pecado.

La cruz revela cómo Jesucristo nos salva pagando por todas nuestras malas noticias.

Ahora Jesús nos llama a arrepentirnos y rendir nuestras vidas a Él para que podamos llegar al lado correcto de la cruz y seamos hechos rectos delante de Dios.

Entonces, ¿qué hay de ti?

"Examinaos a vosotros mismos si estáis en la fe"[115].

¿En qué lado de la cruz estás?

¿Has rendido tu vida a Jesús?

¿Has visto tu pecado, el peligro que corres de ir al infierno?

¿Ves a Jesús colgado en la cruz por ti?

---

115 2 Corintios 13:5.

¿Has renunciado al pecado y has corrido a Jesús para que te perdone?

Si es tu caso, Dios te ofrece vida eterna e inmediatamente serás:

1. Perdonado de todo pecado; el libro será borrado.
2. Inocente. El veredicto de Dios de "no culpable" es tuyo.
3. Vivo, con el Espíritu Santo viviendo en ti.
4. Libre de las cadenas del pecado, de Satanás y del mundo.
5. Limpio de la inmundicia que te excluye del cielo.
6. Amigo de Dios. Toda rebelión será borrada. Has depuesto tus armas.
7. Amado por Dios. Recibes misericordia en vez de ira.

Ese es el amor de Dios.

> ¿Por qué no te tomas un momento para hablar con Jesús ahora mismo? Arrepiéntete de cualquier pecado del que seas consciente y rinde tu vida a Él. Luego dale las gracias por lo que ha hecho por ti.

CONCLUSIÓN

"Porque no me avergüenzo del evangelio, porque es poder de Dios para salvación a todo aquel que cree" (Romanos 1:16).

La Importancia de Compartir las Cuatro Columnas

Lo que Jesús te ha mandado es que proclames el mensaje del evangelio a todo el mundo.

Cuando proclames el evangelio, incluye las cuatro columnas en el mensaje, porque es poder de Dios para salvación.

- Si eliminas la Ley, ¿qué le ocurre al mensaje? Sin la Ley para mostrarnos nuestro pecado, no hay problema. Sin problema, no hay consecuencias, ni la necesidad de una solución, ni una respuesta. Todo gira alrededor de esta primera columna. Hasta que entiendas tu serio problema con el pecado, nada más tendrá sentido.

Sin embargo, muchos cristianos son reticentes a hablar del pecado para evitar ofender a alguien o hacerles sentir mal. Igual que un buen médico, tienes que decir la verdad en amor, explicar la enfermedad espiritual para que busquen un tratamiento que les salve la vida.

- Si eliminas la eternidad, ¿qué le ocurre al mensaje? Si no hay eternidad, no hay consecuencias. Podemos ser culpables de pecar, pero si no hay juicio ni más allá, ¿qué más da?

Sin embargo, ¡la eternidad es real! Y al igual que Jesús, tienes que advertir a los demás de las consecuencias eternas de su camino con la esperanza de que se vuelvan del camino ancho que lleva a la perdición. El amor nos impulsa a advertir a los demás sobre el peligro que les espera.

- Si eliminas la Cruz, ¿qué le ocurre al mensaje? Sin la Cruz, no hay solución. Podemos ser culpables y estar condenados al infierno, pero sin la Cruz no hay esperanza.

A pesar de lo importante que es la Cruz, tristemente, la omitimos frecuentemente de nuestro evangelismo, ofreciendo en su lugar a un Salvador que mejorará nuestra vida, nos ayudará en nuestro matrimonio y nos hará ricos o felices. Sin embargo, la Cruz debe ser el centro del mensaje del evangelio. Jesús vino a morir en la Cruz para librarnos de nuestro pecado y darnos vida eterna.

- Si eliminas el arrepentimiento y la fe, ¿qué le ocurre al mensaje? Sin arrepentimiento y fe, no hay salvación. Podemos saber que somos culpables y que vamos de camino al infierno, e incluso podemos saber que Jesús murió en la cruz por nuestro pecado. Pero a menos que nos arrepintamos y rindamos nuestra vida a Jesús, no podremos ser salvos. Repetir una "oración de fe" o "aceptar a Jesús" no es suficiente sin verdadero arrepentimiento y sin rendirnos a Él.

Cada una de las cuatro columnas es esencial para el mensaje y para demostrar el poder de Dios.

- El Espíritu Santo nos convence de pecado, de nuestro horrible problema.
- El Espíritu Santo nos convence de justicia y de juicio, de las trágicas consecuencias por nuestro problema con el pecado.
- El Espíritu Santo revela la maravillosa obra de Jesús en la cruz y nos ofrece una solución.
- El Espíritu Santo nos da nueva vida cuando nos arrepentimos y le damos nuestras vidas.

¡El mensaje de la Cruz es poderoso para transformar vidas!

Cuando volví a España de los cultos de avivamiento en Estados Unidos, mi vida había sido transformada por el poder del evangelio. Tenía un deseo muy intenso de ayunar y buscar a Dios. Me volví extremadamente sensible al pecado y no quería ofender a Dios de ninguna manera. Mi carga por las almas aumentó significativamente. Mi ministerio pasó a centrarse exclusivamente en la predicación del mensaje de la Cruz.

El ministerio de ONTHEREDBOX[116], con su énfasis en la predicación centrada en la cruz, la oración, el evangelismo y la formación de evangelizadores nació como resultado de mi encuentro con el poder del evangelio. Eso demuestra que el poder del evangelio tiene el poder de cambiar tanto al creyente como al no creyente.

Sean cuales sean los medios que elijas para proclamar el evangelio, comprométete a centrarte en el mensaje de la Cruz.

"Conociendo, pues, el temor del Señor, persuadimos a los hombres" (2 Corintios 5:11).

Jacob Bock

---

[116] ontheredbox.com

SOBRE EL AUTOR

Jacob Bock llegó a España por primera vez en 1982 para evangelizar en Alicante durante la Copa del Mundo y ahí recibió el llamado de Dios. Cinco años después, vino con su esposa Julie para la plantación de una iglesia en Santiago de Compostela. Desde aquellos comienzos hasta hoy, bien haya sido involucrado en la plantación de iglesias, en el evangelismo con niños, enseñando o en el ministerio itinerante, la pasión de Jacob ha sido alcanzar a los perdidos. Su ministerio actual, On the Red Box, tiene ramificaciones en varios países de Europa y América. Ver a las almas salvarse y formar a otros para testificar con eficacia ha sido el sello distintivo de un ministerio fiel y constante en España y en muchas otras partes del mundo. Jacob Bock camina con Dios, y eso es evidente por el fruto que produce su vida.

— Scott Smith

www.ingramcontent.com/pod-product-compliance
Lightning Source LLC
Chambersburg PA
CBHW042026100526
44587CB00029B/4313